Anna Achmatowa

Unsrer Nichtbegegnung denkend

neue lyrik
band 55
bibliothek OSTEUROPA

Bibliographische Information: Die Deutsche Bibliothek
Die Deutsche Bibliothek verzeichnet dieses Buch in der deutschen Nationalbibliographie, detaillierte Angaben sind erhältlich über http://dnb.ddb.de

ISBN 978-3-86660-149-9

Zur Förderung einer vielfältigen Literaturszene unterstützen wir:

1. Auflage, printed in the European Union
Reihengestaltung: Viktor Kalinke
Gesetzt aus der Gentium.
Umschlagbild: Kusma Sergejewitsch Petrow-Wodkin

Unser gesamtes lieferbares Programm und viele Informationen finden Sie unter **http://www.leipzigerliteraturverlag.de**

Anna Achmatowa

Unsrer Nichtbegegnung denkend

Gedichte aus den Jahren 1911 bis 1964

Ausgewählt und aus dem Russischen übertragen von Erich Ahrndt

От странной лирики, где каждый шаг – секрет,
Где пропасти налево и направо,
Где под ногой, как лист увядший, слава,
По-видимому, мне спасенья нет.

Осень 1944

Я пришла сюда, бездельница,
Все равно мне, где скучать!
На пригорке дремлет мельница,
Годы можно здесь скучать.

Над засохшей повиликою
Мягко плавает пчела;
У пруда русалку кликаю,
А русалка умерла.

Затянулся ржавой тиною
Пруд широкий, обмелел,
Над трепещущей осиною
Легкий месяц заблестел.

Замечаю все как новое.
Влажно пахнут тополя.
Я молчу. Молчу, готовая
Снова стать тобой, земля.

23 февраля 1911
Царское Село

Von rätselhafter Lyrik, kaum zu fassen,
Wo links und rechts sich Abgründe auftun,
Wo unterm Fuß wie Vorjahrslaub welkt Ruhm,
Kann ich mein Lebtag, wie es scheint, nicht lassen.

Herbst 1944

Ich kam her allein zum Müßigsein,
Wo ich Trübsal blas, egal!
Dort der Mühle schlief der Flügel ein.
Jahre schweigen hier einmal...

Über trockne Ackerwinde dann
Eine Biene schwebte müd;
Bei dem Teich ruf ich die Nymphe an,
Doch die Nymphe längst verschied.

Weit von rostig rotem Schlamm geschwemmt
Und versandet, liegt der Teich.
Überm Espenzittern, mir nicht fremd,
Blinkt ein schmaler Mond schon bleich.

Alles ist wie neu – ich blicke weit
Um mich. Pappeldunst weht her.
Und ich schweige. Schweige lang, bereit,
Neu zu dir zu werden, Erd.

23. Februar 1911
Zarskoje Selo

Рыбак

Руки голы выше локтя,
А глаза синей, чем лед.
Едкий, душный запах дегтя,
Как загар, тебе идет.

И всегда, всегда распахнут
Ворот куртки голубой,
И рыбачки только ахнут,
Закрасневшись пред тобой.

Даже девочка, что ходит
В город продавать камсу,
Как потерянная бродит
Вечерами на мысу.

Щеки бледны, руки слабы,
Истомленный взор глубок,
Ноги ей щекочут крабы,
Выползая на песок.

Но она уже не ловит
Их протянутой рукой.
Все сильней биенье крови
В теле, раненном тоской.

23 апреля 1911

Der Fischer

Sehnig nackte Arme, schwere,
Und wie Eis die Augen blaun.
Scharfer Brandgeruch vom Teere
Steht dir, wie das Sonnenbraun.

Stets den Jackenkragen offen
Trägst du, und die Haare wehn.
Fischerfraun ins Herz getroffen
Und errötend vor dir stehn.

Selbst die blondbezopfte Kleine,
Die den Fisch trägt zum Verkauf,
Läuft am Abend noch alleine
Ganz verwirrt strandab, strandauf.

Schlappe Arme, Wangenblässe,
Starrt gequält sie vor sich hin.
Krabben kitzeln ihr die Fesseln,
Die an Land gekrochen sind.

Doch sie streckt, um sie zu fangen,
Nicht den Arm aus, wie sie's tut
Für gewöhnlich. Das Verlangen
Pulst zu stark im heißen Blut.

23. April 1911

Песня последней встречи

Так беспомощно грудь холодела,
Но шаги мои были легки.
Я на правую руку надела
Перчатку с левой руки.

Показалось, что много ступеней,
А я знала – их только три!
Между кленов шёпот осенний
Попросил: «Со мною умри!

Я обманут моей унылой,
Переменчивой, злой судьбой».
Я ответила: «Милый, милый!
И я тоже. Умру с тобой…»

Это песня последней встречи.
Я взглянула на темный дом.
Только в спальне горели свечи
Равнодушно-желтым огнем.

29 сентября 1911
Царское Село

Lied der letzten Begegnung

Ach, so hilflos und kalt, am Zerbrechen
War mir die Brust, doch mein Gang war noch leicht.
Zog aus Versehn mir den Handschuh, den rechten
Da auf die linke Hand gleich.

Wie's mir schien, warn es sehr viele Stufen,
Daß es drei nur warn, wußt ich genau!
Aus dem Ahorn hört' leise ich's rufen
Und herbstlich flüstern: „Stirb mit mir! Schau,

Bin betrogen vom garstigen, üblen
Wechselnden Schicksal, dem launischen, ach!"
Ich gab zur Antwort: „Ich auch, mein Lieber!
Kann dich verstehen. Ich folge dir nach..."

Das ist das Lied von der letzten Begegnung.
Ich sah hinüber zum dunklen Haus.
Gleichmütig gingen und ganz ohne Regung
Gelb die Lichter im Schlafzimmer aus.

29. September 1911
Zarskoje Selo

М. Лозинскому

Он длится без конца – янтарный, тяжкий день!
Как невозможна грусть, как тщетно ожиданье!
И снова голосом серебряным олень
В зверинце говорит о северном сиянье.
И я поверила, что есть прохладный снег
И синяя купель для тех, кто нищ и болен,
И санок маленьких такой неверный бег
Под звоны древние далеких колоколен.

1912

Für M. Losinski

Er dauert endlos – schwerer, bernsteingelber Tag!
Für Schwermut sind heut nicht, für Sehnsucht nicht die Räume!
Zu mir spricht wieder silberhell der Hirsch, er mag
Vom Nordlicht dort in seinem Tiergehege träumen.
Auf einmal glaubt ich fest, der kühle Schnee, gepaart
Mit diesem blauen Becken, ist für die, die leiden,
Und daß des kleinen Schlittens unbestimmte Fahrt,
Von weither tönend, alter Glocken Klang begleitet.

1912

Умирая, томлюсь о бессмертьи.
Низко облако пыльной мглы…
Пусть хоть голые красные черти,
Пусть хоть чан зловонной смолы.

Приползайте ко мне, лукавьте,
Угрозы из ветхих книг,
Только память вы мне оставьте,
Только память в последний миг.

Чтоб в томительной веренице
Не чужим показался ты,
Я готова платить сторицей
За улыбки и за мечты.

Смертный час, наклоняясь, напоит
Прозрачною сулемой.
А люди придут, зароют
Мое тело и голос мой.

1912
Царское Село

Wenn ich sterb, möcht ich ewig dauern.
Finstre Staubwolke, tief und schwer ...
Mögen nacktrote Teufel lauern,
Sei's ein Kübel voll stinkendem Teer.

Droht nur, droht und treibt eure Spiele,
Wenn aus zerflederten Büchern ihr kraucht,
Wenn Erinnrung ich nur behielte,
Nur Erinnrung beim letzten Hauch.

Daß in der Kette jener Qualen
Mir dein Antlitz nicht fremd erschein,
Will ich gern hundertfach bezahlen
Für jedes Lächeln, die Träume mein.

Wenn die Todesstund schlägt erhaben,
Wird mir hehre Labung zuteil.
Und man kommt, um mich zu begraben,
Meine Stimme und meinen Leib.

1912
Zarskoje Selo

Вечерние часы перед столом.
Непоправимо белая страница.
Мимоза пахнет Ниццой и теплом.
В луче луны летит большая птица.

И, туго косы на ночь заплетя,
Как будто завтра нужны будут косы,
В окно гляжу я, больше не грустя,
На море, на песчаные откосы.

Какую власть имеет человек,
Который даже нежности не просит!
Я не могу поднять усталых век,
Когда мое он имя произносит.

Лето 1913
Слепнево

Die Abendstunden vor dem Tisch, allein.
Unkorrigierbar weiß die leere Seite.
Mimosenduft nach Nizzas Wärme, fein.
Im Mondstrahl groß ein Vogel Flügel breitet.

Und, straff die Zöpfe flechtend für die Nacht,
Als ob es morgen wieder brauchte Zöpfe,
Schau aus dem Fenster ich, auf einmal wach,
Aufs Meer und auf den Sand, der Dünen Köpfe.

Wie mächtig, wie erhaben ist ein Mann,
Der nie ein Wort von Zärtlichkeit verlöre!
Und ich, die's müde Lid nicht heben kann,
Wenn ich ihn meinen Namen nennen höre...

Sommer 1913
Slepnewo

Не будем пить из одного стакана
Ни воду мы, ни сладкое вино,
Не поцелуемся мы утром рано,
А ввечеру не поглядим в окно.
Ты дышишь солнцем, я дышу луною,
Но живы мы любовию одною.

Со мной всегда мой верный, нежный друг,
С тобой твоя веселая подруга.
Но мне понятен серых глаз испуг,
И ты виновник моего недуга.
Коротких мы не учащаем встреч.
Так наш покой нам суждено беречь.

Лишь голос твой поет в моих стихах,
В твоих стихах мое дыханье веет.
О, есть костер, которого не смеет
Коснуться ни забвение, ни страх.
И если б знал ты, как сейчас мне любы
Твои сухие, розовые губы!

Осень 1913

Nicht trinken mehr aus einem Glase beide,
Sei's Wasser oder sei es süßer Wein,
Wolln auch die Küsse früh am Morgen meiden,
Nicht aus dem Fenster schaun beim Abendschein.
Du atmest Sonne, ich des Mondes Strahlen,
Doch leben wir von einer Liebe Qualen.

Mein zärtlich treuer Freund ist, wo ich geh,
Du hast die heitre Freundin an der Seite.
Ich kann die Angst der grauen Augen sehn,
Und du bist daran schuld, daß ich so leide.
Wir sparen noch am kurzen Rendezvous.
So müssen wir bewahren unsre Ruh.

In meinen Versen tönt nur deine Stimme,
So wie mein Atem weht durch dein Gedicht.
Ein Feuer ist, das nimmermehr verglimme,
Das Angst nicht löscht und auch Vergessen nicht.
Oh, wüßtest du, wie's mich verlangt zur Stund
Nach deinem spröden rosaroten Mund!

Herbst 1913

О тебе вспоминаю я редко
И твоей не пленяюсь судьбой,
Но с души не стирается метка
Незначительной встречи с тобой.

Красный дом твой нарочно миную,
Красный дом твой над мутной рекой,
Но я знаю, что горько волную
Твой пронизанный солнцем покой.

Пусть не ты над моими устами
Наклонялся, моля о любви,
Пусть не ты золотыми стихами
Обессмертил томленья мои –

Я над будущим тайно колдую,
Если вечер совсем голубой,
И предчувствую встречу вторую,
Неизбежную встречу с тобой.

1913

An dich denk ich selten inzwischen,
Und dein Schicksal mich nicht fasziniert,
Doch mein Herz will die Spur nicht verwischen
Einer flücht'gen Begegnung mit dir.

Dein Zuhause, ich meid es mit Willen,
Dein Zuhause am mattgrünen Fluß,
Doch ich weiß, daß die sonnige Stille
Dir nur störte mein rascher Entschluß.

Hast du auch nicht mit bebenden Nerven
Mir gelauscht, ganz auf Liebe bedacht,
Hast du auch nicht mit goldenen Versen
Meine Sehnsucht unsterblich gemacht –

Heimlich spinn ich an künftigem Garne,
Wenn der Abend in Blau sich verliert,
Und ich ahn eine zweite, ich warne
Vor der neuen Begegnung mit mir.

1913

В последний раз мы встретились тогда
На набережной, где всегда встречались.
Была в Неве высокая вода,
И наводненья в городе боялись.

Он говорил о лете и о том,
Что быть поэтом женщине – нелепость.
Как я запомнила высокий царский дом
И Петропавловскую крепость! –

Затем что воздух был совсем не наш,
А как подарок Божий – так чудесен.
И в этот час была мне отдана
Последняя из всех безумных песен.

Январь 1914

Земная слава как дым,
Не этого я просила.
Любовникам всем своим
Я счастие приносила.
Один и сейчас живой,
В свою подругу влюбленный,
И бронзовым стал другой
На площади оснеженной.

Зима 1914

Das letzte Mal, daß wir uns trafen da,
Am selben Kai wie stets – war unser letztes.
Das Wasser stand sehr hoch in der Newa
Und Überschwemmungsangst stieg auf den Plätzen.

Er sprach vom Sommer, dann: Es wär ein Graus
Und schließlich auch absurd, wenn Frauen dichten.
Wie gut erinnre ich die Festung Peter und Pauls,
Das hohe Zarenhaus im Winterlichte!

Denn nicht für uns war diese Luft gemacht,
Doch wunderbar als Gottes Gabe wieder.
Und diese Stunde, sie hat mir gebracht
Das letzte meiner unvernünft'gen Lieder.

Januar 1914

Ruhm dieser Welt ist wie Rauch,
Habe nicht drum gebeten.
All meinen Liebsten hab auch
Glück ich gebracht, einem jeden.
Einer ist heute noch heil,
Liebt seinen schönen Schatz,
Während der andre derweil
Bronze wurd, steht auf dem Platz.

Winter 1914

Уединение

Так много камней брошено в меня,
Что ни один из них уже не страшен,
И стройной башней стала западня,
Высокою среди высоких башен.
Строителей ее благодарю,
Пусть их забота и печаль минует.
Отсюда раньше вижу я зарю,
Здесь солнца луч последний торжествует.
И часто в окна комнаты моей
Влетают ветры северных морей,
И голубь ест из рук моих пшеницу…
А не дописанную мной страницу,
Божественно спокойна и легка,
Допишет Музы смуглая рука.

6 июня 1914
Слепнево

Zurückgezogenheit

Man hat auf mich geworfen bisher schon,
Daß keinen ich mehr fürchte, so viel Steine.
Und aus der Falle wurd ein Turm, so hoch
Und wohlgebaut wie von den Türmen keiner.
Die ihn erschufen, denen dank ich sehr,
Mag Kummer sie und Trübsal meiden.
Das Morgenrot seh ich von hier aus eher,
Der letzte Strahl darf später von hier scheiden.
Und oftmals kommt von Nord der Wind vom Meer
Durchs Fenster meines Zimmers zu mir her,
Und Tauben picken Körner aus den Händen...
Wenn eine Seite ich noch nicht beenden
Gekonnt, schreibt sie die Muse göttergleich
Mit sonnenbrauner Hand dazu, ganz leicht.

6. Juni 1914
Slepnewo

Я не любви твоей прошу,
Она теперь в надежном месте...
Поверь, что я твоей невесте
Ревнивых писем не пишу.

Но мудрые прими советы:
Дай ей читать мои стихи,
Дай ей хранить мои портреты –
Ведь так любезны женихи!

А этим дурочкам нужней
Сознанье полное победы,
Чем дружбы светлые беседы
И память первых нежных дней…

Когда же счастия гроши
Ты проживешь с подругой милой
И для пресыщенной души
Все станет сразу так постыло –

В мою торжественную ночь
Не приходи. Тебя не знаю.
И чем могла б тебе помочь?
От счастья я не исцеляю.

Июль 1914
Слепнево

Ich bitt dich nicht um deine Liebe.
Die hat jetzt ihren festen Platz...
Doch glaub mir, daß ich deinen Schatz
Verschon mit eifersücht'gen Briefen.

Mein Rat gewiß dich nicht verdrießt:
Sie soll sich Bilder von mir rahmen,
Mach, daß sie meine Verse liest –
So lieb sind doch die Bräutigame!

Denn diesen Gänschen immer galten
Des Sieges glanzvolle Trophäen
Weit mehr als freundschaftlich Verstehn,
Erinnerung an Händchenhalten...

Wenn ihr dann eures Glückes Tand
Verschleudert habt bald bis zur Neige,
Der Seele, übersättigt ganz,
Wird alles plötzlich schal sich zeigen –

In meine Nächte, meine Feste
Komm mir dann nicht. Weis dich zurück.
Wie könnt ich dir auch helfen, Bester?
Weil ich nicht heilen kann von Glück.

Juli 1914
Slepnewo

Н. В. Н.

Есть в близости людей заветная черта,
Ее не перейти влюбленности и страсти, –
Пусть в жуткой тишине сливаются уста
И сердце рвется от любви на части.

И дружба здесь бессильна, и года
Высокого и огненного счастья,
Когда душа свободна и чужда
Медлительной истоме сладострастья.

Стремящиеся к ней безумны, а ее
Достигшие – поражены тоскою…
Теперь ты понял, отчего мое
Не бьется сердце под твоей рукою.

2 мая 1915
Петербург

Für N. W. N.

Vertraulichkeit hat Grenzen insgeheim,
Die Leidenschaft und Liebe nicht bezwingen –
Mögen die Münder innig auch verschmolzen sein,
Mag auch das Herz vor Liebe fast zerspringen.

Auch Freundschaft ist hier machtlos, jene Zeit
Des hohen Glückes, jener Glut verhaftet,
Da unsre Seele frei – und fremd ihr bleibt
Die Wollust, ihre langsame Erschlaffung.

Wer nach ihr strebt, bleibt töricht allerwärts,
Wer sie erzwang, hat Schwermut zu ertragen...
Und du siehst nun wohl ein, weshalb mein Herz,
Von deiner Hand bedrängt, sich sträubt zu schlagen.

2. Mai 1915
Petersburg

Б. А.

Как белый камень в глубине колодца,
Лежит во мне одно воспоминанье.
Я не могу и не хочу бороться:
Оно – веселье и оно – страданье.

Мне кажется, что тот, кто близко взглянет
В мои глаза, его увидит сразу.
Печальней и задумчивее станет
Внимающего скорбному рассказу.

Я ведаю, что боги превращали
Людей в предметы, не убив сознанья,
Чтоб вечно жили дивные печали.
Ты превращен в мое воспоминанье.

5 июля 1916

Für B. A.

Im tiefen Brunnen liegt ein weißer Stein –
Eine Erinnerung aus früh'ren Zeiten.
Möcht sie bekämpfen und ich laß es sein:
Denn sie ist Freude – ist jedoch auch Leiden.

Wer mir ins Auge schaut, wird, wie mir scheint,
Entdecken ihn sogleich auf tiefstem Grunde.
Er wird versonnener und wohl betrübter sein,
Wenn er erzählt, wie traurig er's gefunden.

Ein Gott hat einst den Menschen, seh ich klar,
Zum Ding gemacht, Bewußtsein ihm belassend,
Daß ewig schöne Trauer er bewahr.
Du bist als Ding Erinnrung mir geschaffen.

5. Juli 1916

Город сгинул, последнего дома
Как живое взглянуло окно…
Это место совсем незнакомо,
Пахнет гарью, и в поле темно.

Но когда грозовую завесу
Нерешительный месяц рассек,
Мы увидели: на гору, к лесу
Пробирался хромой человек.

Было страшно, что он обгоняет
Тройку сытых, веселых коней,
Постоит и опять ковыляет
Под тяжелою ношей своей.

Мы заметить почти не успели,
Как он возле кибитки возник.
Словно звезды глаза голубели,
Освещая измученный лик.

Я к нему протянула ребенка,
Поднял руку со следом оков
И промолвил мне благостно-звонко:
«Будет сын твой и жив и здоров!»

1916
Слепнево

Von der Stadt hinter uns letztes Schimmern
Eines Fensters, als lebte es still...
Diese Gegend, ich war hier noch nimmer.
Brandig roch es im dunklen Gefild.

Als die Mondsichel, zaghaft noch, teilte
Den gewittrigen Vorhang gerad,
Sahn wir plötzlich: Ein Humpelnder eilte
Hin zum Waldrand auf hügligem Pfad.

‘s war zum Fürchten: Drei muntere Pferde
Überholte der Mann ohne Hast,
Blieb mal stehn und sah sinnend zur Erde,
Humpelt’ weiter dann mit seiner Last.

Wie er jäh unsern Wagen erreichte,
War ein Rätsel, fast merkten wir’s nicht.
Doch wir sahn in den Augen ein Leuchten,
Sternengleich im zerquälten Gesicht.

Und ich streckte ihm hin meinen Sohn.
Seine Hand, von der Fessel voll Grind,
Hob er, sagte in gütigem Ton:
„Es wird blühn und gedeihen, dein Kind!“

1916
Slepnewo

Как площади эти обширны,
Как гулки и круты мосты!
Тяжелый, беззвездный и мирный
Над нами покров темноты.

И мы, словно смертные люди,
По свежему снегу идем.
Не чудо ль, что нынче пробудем
Мы час предразлучный вдвоем?

Безвольно слабеют колени,
И кажется, нечем дышать…
Ты – солнце моих песнопений,
Ты – жизни моей благодать.

Вот черные зданья качнутся
И на землю я упаду, –
Теперь мне не страшно очнуться
В моем деревенском саду.

10 марта 1917

Die Plätze, wie weit sie sich strecken,
Die Brücken, so hallend und steil!
Und sternenlos, schwer liegt die Decke
Der Dunkelheit über uns zwei'n.

Als wären wir sterblich, wie Leute
Gehn wir über pudrigen Schnee.
Ach, ist es nicht seltsam, daß heute
Zum Abschied die Stunde uns schlägt?

Mir zittern und beben die Knie,
Zum Atmen fehlt fast mir die Luft...
Du Glück meines Lebens – nun siehe,
Wie schmerzlich mein Lied nach dir ruft.

Die schwarzen Gebäude – sie wanken,
Gewiß stürz zu Boden ich gleich –
Nicht schrecklich ist jetzt der Gedanke:
Kommst zu dir im Dorfe, am Teich.

10. März 1917

Еще весна таинственная млела,
Блуждал прозрачный ветер по горам,
И озеро глубокое синело, –
Крестителя нерукотворный храм.

Ты был испуган нашей первой встречей,
А я уже молилась о второй,
И вот сегодня снова жаркий вечер, –
Как низко стало солнце над горой…

Ты не со мной, но это не разлука:
Мне каждый миг – торжественная весть.
Я знаю, что в тебе такая мука,
Что ты не можешь слова произнесть.

14 апреля 1917
Петербург

Geheimnis voll, der Frühling wollte gehen,
Ein sanfter Wind strich schmeichelnd übern Berg,
Blau eines tiefen Sees bezeugte das Geschehen –
Des Täufers Tempel, keines Menschen Werk.

Du warst erschrocken übers erste Treffen,
Derweil schon auf ein zweites ich bestand.
Ein warmer Abend wieder. Noch bei Kräften,
Steht tief die Sonne wieder überm Land...

Du bist nicht bei mir, doch das heißt nicht scheiden:
Ich feire jeden Augenblickes Sieg.
Ich weiß, du Armer mußt entsetzlich leiden,
Daß du kein Wort über die Lippen kriegst.

14. April 1917
Petersburg

Просыпаться на рассвете
Оттого, что радость душит,
И глядеть в окно каюты
На зеленую волну,
Иль на палубе в ненастье,
В мех закутавшись душистый,
Слушать, как стучит машина,
И не думать ни о чем,
Но, предчувствуя свиданье
С тем, кто стал моей звездою,
От соленых брызг и ветра
С каждым часом молодеть.

Июль 1917
Слепнево

Теперь никто не станет слушать песен,
Предсказанные наступили дни.
Моя последняя, мир больше не чудесен,
Не разрывай мне сердце, не звени.

Еще недавно ласточкой свободной
Свершала ты свой утренний полет,
А ныне станешь нищенкой голодной,
Не достучишься у чужих ворот.

1917. Конец года

Früh im Morgenlicht erwachen,
Weil's die Brust dir sprengt vor Freude,
Und durch das Kajütenfenster
Auf die grünen Wellen schaun,
Auch an Deck bei rauhem Wetter
In den Pelz gehüllt, der duftet,
Hörn, wie die Maschinen stampfen,
Kein Gedanke an die Welt,
Aber schon Begegnung ahnend
Mit dem, der mein Stern geworden,
Und vom Wind und salz'gen Spritzern
Jünger werden Stund um Stund.

Juli 1917
Slepnewo

Wer mag noch lauschen heut, wenn Lieder raunen,
Wie schon vorhergesagt, die Zeit ist um.
Mein letztes Lied, die Welt will nicht mehr staunen,
Zerreiß das Herz mir nicht und bleibe stumm.

Wie eine Schwalbe bist du jüngst gezogen
Frei durch die Luft, kaum daß der Tag geboren.
Jetzt hockst du hungernd unterm Brückenbogen
Und klopfst vergebens an vor fremden Toren.

1917. Jahresende

Петроград, 1919

И мы забыли навсегда,
Заключены в столице дикой,
Озера, степи, города
И зори родины великой.
В кругу кровавом день и ночь
Долит жестокая истома…
Никто нам не хотел помочь
За то, что мы остались дома,
За то, что, город свой любя,
А не крылатую свободу,
Мы сохранили для себя
Его дворцы, огонь и воду.

Иная близится пора,
Уж ветер смерти сердце студит,
Но нам священный град Петра
Невольным памятником будет.

Petrograd, 1919

Als hätten wir sie nie gesehn,
In der verlaßnen Hauptstadt darbend,
Die Städte rings, die Steppe, Seen
Und ihrer Abendsonne Farben.
Im blut'gen Kreis drückt Tag und Nacht
Uns grausam Hunger und Ermattung...
Und keiner war, der Hilfe bracht',
Weil wir sie nicht verlassen hatten,
Weil wir sie liebten doch, die Stadt,
Mehr als die Freiheit dieser Erde,
Und uns bewahrten, was sie hat:
Paläste, Wasser, Brücken, Herde.

Herauf zieht eine andre Zeit,
Eiskalte Todeswinde wehen,
Doch Peters Stadt wird uns dereinst
Als ungewolltes Denkmal stehen.

Путник милый, ты далече,
Но с тобою говорю.
В небесах зажглися свечи
Провожающих зарю.

Путник мой, скорей направо
Обрати свой светлый взор:
Здесь живет дракон лукавый,
Мой властитель с давних пор.

А в пещере у дракона
Нет пощады, нет закона.
И висит на стенке плеть,
Чтобы песен мне не петь.

И дракон крылатый мучит,
Он меня смиренью учит,
Чтоб забыла дерзкий смех,
Чтобы стала лучше всех.

Путник милый, в город дальний
Унеси мои слова,
Чтобы сделался печальней
Тот, кем я еще жива.

Весна 1921
Сергиевская, 7

Du bist ferne, mein Gefährte,
Doch hör zu, hör meine Not.
Hoch am Himmel brennen Kerzen
Zum Geleit fürs Abendrot.

Mein Gefährte, Sorgen machen
Sollst du dir, ich weiß dir Dank:
Denn hier lebt ein böser Drachen,
Mein Gebieter schon sehr lang.

Für des bösen Drachens Wut
Gelten Regeln nicht noch Gnad.
An der Wand hängt eine Knut,
Die das Singen sich verbat.

Dieser Flügeldrachen quält,
Weil es mir an Demut fehlt,
Weil ich's Spotten nicht vergesse,
Weil ich mich partout nicht bessre.

Mein Gefährte, geh und schweife
Mit der Botschaft in die Welt,
Damit Traurigkeit ergreife
Den, der mich am Leben hält.

Frühjahr 1921
Sergijewskaja 7

Наталии Рыковой

Все расхищено, предано, продано,
Черной смерти мелькало крыло,
Все голодной тоскою изглодано,
Отчего же нам стало светло?

Днем дыханьями веет вишневыми
Небывалый под городом лес,
Ночью блещет созвездьями новыми
Глубь прозрачных июльских небес, –

И так близко подходит чудесное
К развалившимся грязным домам…
Никому, никому неизвестное,
Но от века желанное нам.

Июнь 1921

Нам встречи нет. Мы в разных станах,
Туда ль зовешь меня, наглец,
Где брат поник в кровавых ранах,
Принявши ангельский венец?

И ни молящие улыбки,
Ни клятвы дикие твои,
Ни призрак млеющий и зыбкий
Моей счастливейшей любви
Не обольстят…

Июнь 1921

Für Natalija Rykowa

Alles ausgeraubt, ausverkauft, ausgelaugt,
Schon die Flügel schwingt schwarz uns der Tod,
Alles hungrig und sehnsuchtsvoll aufgesaugt,
Was nur macht uns auf einmal so froh?

Tags wehen Lüfte, von Kirschduft geschwängert,
Von einem Hain neu und fremd vor der Stadt,
Nachts blinkt uns neuer Gestirne Gepränge,
Wie nur der Hochsommerhimmel sie hat –

Da – es ist wunderbar: nah kommt's heran,
Wo die verfallenen Häuser stehn...
Keiner je sah es, ist keinem bekannt,
Aber von jedem erwünscht und ersehnt.

Juni 1921

Zu dir – kein Weg. Denn Fronten scheiden
Uns eines Kriegs. Daß du es wagst,
Zu laden dahin mich, wo leidend
Mein Bruder schwer verwundet lag?

Kein Lächeln, sei es noch so flehend,
Kein feuriger, kein heißer Schwur,
Kein Liebesrausch, der vag, vergehend,
Dein Wunschphantom ist sichtlich nur,
Wird mich erweichen...

Juni 1921

Страх, во тьме перебирая вещи,
Лунный луч наводит на топор.
За стеною слышен стук зловещий –
Что там, крысы, призрак или вор?

В душной кухне плещется водою,
Половицам шатким счет ведет,
С глянцевитой черной бородою
За окном чердачным промелькнет –

И притихнет. Как он зол и ловок,
Спички спрятал и свечу задул.
Лучше бы поблескиванье дул
В грудь мою направленных винтовок,

Лучше бы на площади зеленой
На помост некрашеный прилечь
И под клики радости и стоны
Красной кровью до конца истечь.

Прижимаю к сердцу крестик гладкий:
Боже, мир душе моей верни!
Запах тленья обморочно сладкий
Веет от прохладной простыни.

25 августа 1921

Angst, im Dunkel über Dinge flimmernd,
Lenkt ein Mondstrahl auf das Beil im Schatten.
Horch, dort das Geräusch im Nebenzimmer –
Sind das Geister, Diebe oder Ratten?

In der dunst'gen Küche sickert Nässe,
Jemand ist, der Dielenbretter zählt,
Und ein schwarzer Bart mit Glitzerblesse
Huscht am Bodenfenster wie beseelt –

Und hält stille. Wie er böse kauert,
Kerze ausgeblasen und versteckt.
Lieber säh ich mich vom Lauf erschreckt
Einer Flinte, deren Schütze lauert,

Lieber legt ich mich, wenn ich es müßt,
Auf ein ungestrichenes Gerüst,
Um zu Beifallsrufen, unter Stöhnen
Rot mein Blut, mein warmes, zu verströmen.

Und ich preß das Kreuz ans Herz mir, bebend:
Gott, schütz meine Seele, rette sie!
Nach Verwesung riecht dann süßlich, klebend
Noch vom Schweiß, mein Laken in der Früh.

25. August 1921

На пороге белом рая,
Оглянувшись, крикнул: «Жду!»
Завещал мне, умирая,
Благостность и нищету.

И когда прозрачно небо,
Видит, крыльями звеня,
Как делюсь я коркой хлеба
С тем, кто просит у меня.

А когда, как после битвы,
Облака плывут в крови,
Слышит он мои молитвы
И слова моей любви.

Июль 1921

An der Schwell des Paradieses
Sah zurück er, rief: „Ich wart!“
Und vermachte mir noch dieses:
Armut, mitleidsvolle Art.

Blaut der Himmel eine Weile,
Sieht er: Auf ging seine Saat,
Sieht er, daß mein Brot ich teile
Mit dem, der mich darum bat.

Wenn einmal der Wolken Reigen
Schwimmt in Blut wie nach der Schlacht,
Hört er beten mich und zeigen
Ihm die Liebe, die ihm lacht.

Juli 1921

Пусть голоса органа снова грянут,
Как первая весенняя гроза:
Из-за плеча твоей невесты глянут
Мои полузакрытые глаза.

Семь дней любви, семь грозных лет разлуки,
Война, мятеж, опустошенный дом,
В крови невинной маленькие руки,
Седая прядь над розовым виском.

Прощай, прощай, будь счастлив, друг прекрасный,
Верну тебе твой сладостный обет,
Но берегись твоей подруге страстной
Поведать мой неповторимый бред, –

Затем, что он пронижет жгучим ядом
Ваш благостный, ваш радостный союз…
А я иду владеть чудесным садом,
Где шелест трав и восклицанья муз.

Август 1921
Царское Село

Wenn auch die Orgelstimmen wieder tönen,
Als hätt im Frühling Donner man gehört,
Werd hinter deiner Braut ich stehn, der schönen,
Die Augen halb geschlossen, unverklärt.

Sieben Tage Liebe, sieben Jahre Trennung,
Der Krieg, der Aufstand und das Haus verwaist,
Unschuldig schon voll Blut die kleinen Hände
Und Schläfengrau an Wangen, rot und feist.

Leb wohl, mein Freund, laß dich vom Glück verwöhnen,
Was einst du mir gelobtest, sei verziehn,
Doch hüte dich, verrate deiner Schönen
Nicht meine seltnen, kostbarn Phantasien –

Sie würden ätzend sich wie Gifte legen
Auf euern liebesfrohen Bund sogleich...
Ich will nun meinen schönen Garten pflegen,
Wo Gräser rascheln in der Musen Reich.

August 1921
Zarskoje Selo

Тебе покорной? Ты сошел с ума!
Покорна я одной Господней воле.
Я не хочу ни трепета, ни боли,
Мне муж – палач, а дом его – тюрьма.

Но видишь ли! Ведь я пришла сама…
Декабрь рождался, ветры выли в поле,
И было так светло в твоей неволе,
А за окошком сторожила тьма.

Так птица о прозрачное стекло
Всем телом бьется в зимнее ненастье,
И кровь пятнает белое крыло.

Теперь во мне спокойствие и счастье.
Прощай, мой тихий, ты мне вечно мил
За то, что в дом свой странницу пустил.

Август 1921
Царское Село

Ich – dir gehorchen? Das ist wohl ein Scherz!
Nur Gott gehorch ich, frei und in Bedrängnis.
Ich will kein Zittern haben, keinen Schmerz,
Ein Mann ist Henker mir, sein Haus – Gefängnis.

Doch sieh! Gekommen bin ich von allein.
Dezember wurd's, und draußen Stürme heulten,
Die Finsternis hielt Wache mit den Eulen,
Bei dir, in Unfreiheit, war heller Schein...

So schlägt ein Vogel gegens Fensterglas
Mit seinem Leib im rauhen Winterwetter,
Sein weißer Flügel wird vom Blute naß.

Jetzt bin beruhigt ich bei meinem Retter.
Verzeih, mein Sanfter. Ewig Dank dafür,
Daß du der Wandrerin gabst ein Quartier.

August 1921
Zarskoje Selo

Я гибель накликала милым,
И гибли один за другим.
О, горе мне! Эти могилы
Предсказаны словом моим.
Как вороны кружатся, чуя
Горячую, свежую кровь,
Так дикие песни, ликуя,
Моя насылала любовь.

С тобою мне сладко и знойно,
Ты близок, как сердце в груди.
Дай руки мне, слушай спокойно.
Тебя заклинаю: уйди.
И пусть не узнаю я, где ты,
О Муза, его не зови,
Да будет живым, невоспетым
Моей не узнавший любви.

Октябрь 1921
Петербург

Hab Unglück berufen, beschrien
Den Lieben: sie gingen zugrund.
Oh, weh mir! Die Gräber, die blieben –
Vorausgesagt aus meinem Mund.
Wie kreisende Raben erfühlen
Von fern, frisch und warm, schon das Blut,
So tat meine Liebe schon vielen
Mit heillosen Liedern nicht gut.

Du bist mir Geborgenheit, süße,
Mir nah wie das Herz in der Brust.
Vertrau mir und hör, ich beschließe:
Geh fort, ich beschwör dich, du mußt.
Auch wenn ich nicht kenn deine Wege,
O Muse, von ihm sei verbannt,
Mag ohne mein Lied sein, doch leben,
Der nicht meine Liebe erkannt.

Oktober 1921
Petersburg

Клевета

И всюду клевета сопутствовала мне,
Ее ползучий шаг я слышала во сне
И в мертвом городе под беспощадным небом,
Скитаясь наугад за кровом и за хлебом.
И отблески ее горят во всех глазах,
То как предательство, то как невинный страх.
Я не боюсь ее. На каждый вызов новый
Есть у меня ответ достойный и суровый.
Но неизбежный день уже предвижу я, –
На утренней заре придут ко мне друзья,
И мой сладчайший сон рыданьем потревожат,
И образок на грудь остывшую положат.
Никем не знаема тогда она войдет,
В моей крови ее неутоленный рот
Считать не устает небывшие обиды,
Вплетая голос свой в моленья панихиды.
И станет внятен всем ее постыдный бред,
Чтоб на соседа глаз не мог поднять сосед,
Чтоб в страшной пустоте мое осталось тело,
Чтобы в последний раз душа моя горела
Земным бессилием, летя в рассветной мгле,
И дикой жалостью к оставленной земле.

Январь 1922
Вагон Бежецк – Петербург

Verleumdung

Wo immer ich auch war, schlich mir Verleumdung nach.
Ich hörte, wie sie kriecht, sogar des Nachts im Schlaf,
Auch in der toten Stadt, bei gnadenlosen Himmeln,
Wenn ich um Nachtquartier und ein Stück Brot gewimmert.
Ihr Abglanz glitzert falsch und glimmt in jedem Blick,
Bald von Verrat bestimmt, bald strahlt er Angst zurück.
Ich fürcht mich nicht vor ihr. Will sie mich neu beschmutzen,
Hab eine Antwort ich, werd ihr mit Würde trutzen.
Doch ahn ich's schon, ich seh den Schicksalstag voraus,
Wenn früh im Morgengrauen kommt zu mir ins Haus
Die Freundesschar, die sanft Entschlafne zu beklagen,
Mir auf die kalte Brust ein Heil'genbild zu packen.
Von niemandem bemerkt, schleicht sie alsdann sich ein,
Ihr nimmer sattes Maul wird nie zu schad sich sein,
Mir Kränkung, die's nicht gab, noch schnüffelnd anzuhängen,
Mit ihrer Stimme frech sich ins Gebet zu drängen.
Und allen werden klar die Schande, der Betrug,
So daß ein jeder scheu die Augen niederschlug,
Daß meinem Körper arg an Zuspruch es nun fehlte,
Und daß zum letzten Male meine arme Seele
Im Morgendämmer ird'sche Ohnmacht nun befällt
Und grimm'ges Mitleid noch mit der verlaßnen Welt.

Januar 1922
Im Zug Beschezk - Petersburg

Дьявол не выдал. Мне всё удалось.
Вот и могущества явные знаки.
Вынь из груди мое сердце и брось
Самой голодной собаке.

Больше уже не на что не гожусь,
Ни одного я не вымолвлю слова.
Нет настоящего – прошлым горжусь
И задохнулась от срама такого.

Сентябрь 1922

Хорошо здесь: и шелест и хруст;
С каждым утром сильнее мороз,
В белом пламени клонится куст
Ледяных ослепительных роз.
И на пышных парадных снегах
Лыжный след, словно память о том,
Что в каких-то далеких веках
Здесь с тобою прошли мы вдвоем.

Зима 1922

Der Teufel verriet nicht. Erfolg hatt ich stets:
Sichtliches Zeichen, von Kraftfülle kündend.
Reiß mir das Herz aus der Brust, so erspäht's
Gierig die hungrigste Hündin.

Ich taug zu nichts mehr, wie viel ich versprach
Einst auch – und kann's nicht mit Worten erklären.
Gegenwart ist nicht – ich würg an der Schmach,
Daß von Vergangenem nur ich noch zehre.

September 1922

Hier ist's schön: Wie es knirscht, wie es gleißt,
In der Früh biß der Frost wieder hart,
Rosenstrauch neigt sich glitzernd und weiß,
Wie in eisiger Flamme erstarrt.
Auf dem prächtigen Schnee zieht sich weit
Eine Skispur, erinnernd daran,
Daß vor lang schon vergangener Zeit
Wir zu zweit hier vorübergefahrn.

Winter 1922

Небывалая осень построила купол высокий,
Был приказ облакам этот купол собой не темнить.
И дивилися люди: проходят сентябрьские сроки,
А куда провалились студеные, влажные дни?

Изумрудною стала вода замутненных каналов,
И крапива запахла, как розы, но только сильней.
Было душно от зорь, нестерпимых, бесовских и алых,
Их запомнили все мы до конца наших дней.

Было солнце таким, как вошедший в столицу мятежник,
И весенняя осень так жадно ласкалась к нему,
Что казалось – сейчас забелеет прозрачный
подснежник…
Вот когда подошел ты, спокойный, к крыльцу моему.

Сентябрь 1922

Wohl noch nie hat ein Herbst seine Kuppel so hoch uns errichtet,
Wolken schreckt, zu verdunkeln die Kuppel, ein strenges Verbot.
Und es staunen die Leute: Septemberlaub ist schon gelichtet,
Doch wo bleibt denn die feuchtkalte Zeit, ist die Welt noch im Lot?

Ganz smaragdgrün gefärbt ist das Wasser jetzt unter den Brücken,
Und die Brennessel duftet wie Rosen, wenngleich vehement.
Unerträglich die Sonnenaufgänge, so blutrot und drückend,
Die Erinnrung an sie wird verblassen uns nicht bis ans End

Unsrer Zeit. Diese Sonne – so stürmen die Hauptstadt Rebellen,
Und der Herbst, wie ein Frühling so schmeichelt bei ihr er sich ein,
Daß es schien, gleich erblühen da Schneeglöckchen, durchsichtig helle...
Da kamst du, tratest ruhig, gelassen zur Haustür herein.

September 1922

За озером луна остановилась
И кажется отворенным окном
В притихший, ярко освещенный дом,
Где что-то нехорошее случилось.

Хозяина ли мертвым привезли,
Хозяйка ли с любовником сбежала,
Иль маленькая девочка пропала
И башмачок у заводи нашли…

С земли не видно. Страшную беду
Почувствовав, мы сразу замолчали.
Заупокойно филины кричали,
И душный ветер буйствовал в саду.

1922

Der Mond verharrt gerad hinter den Seen,
Für uns ist er ein offnes Fenster, deucht es,
Zu einem stillen Hause, hell erleuchtet,
Worin ein schlimmes Unheil ist geschehn.

Tot heimgebracht der Hausherr? Welch Verlust!
Die Hausfrau – durchgebrannt mit dem Geliebten?
Vielleicht das Töchterchen gar ausgeblieben,
Ein Schuhchen aufgefunden dicht am Fluß...

Von unten sieht man's nicht. Wir stehn gebannt
Vom Unheil, das wir schaudernd ahnen.
Zur Totenruhe Käuzchenrufe mahnen,
Ein schwüler Wind fährt plötzlich übers Land.

1922

Борис Пастернак (Поэт)

Он, сам себя сравнивший с конским глазом,
Косится, смотрит, видит, узнает,
И вот уже расплавленным алмазом
Сияют лужи, изнывает лед.

В лиловой мгле покоятся задворки,
Платформы, бревна, листья, облака.
Свист паровоза, хруст арбузной корки,
В душистой лайке робкая рука.

Звенит, гремит, скрежещет, бьет прибоем
И вдруг притихнет – это значит, он
Пугливо пробирается по хвоям,
Чтоб не спугнуть пространства чуткий сон.

И это значит, он считает зерна
В пустых колосьях, это значит, он
К плите дарьялской, проклятой и черной,
Опять пришел с каких-то похорон.

И снова жжет московская истома,
Звенит вдали смертельный бубенец…
Кто заблудился в двух шагах от дома,
Где снег по пояс и всему конец?

За то, что дым сравнил с Лаокооном,
Кладбищенский воспел чертополох,
За то, что мир наполнил новым звоном
В пространстве новом отраженных строф,

Он награжден каким-то вечным детством,
Той щедростью и зоркостью светил,

Boris Pasternak (Der Dichter)

Der sich dem Pferdeauge gleich bekannte,
Ist Neugier, muß betrachten, kennen, schaun,
Und dann: gleichwie geschmolzne Diamanten
Erstrahlen Pfützen, Eiskristalle taun.

In lila Dunst ruhn Höfe und Baracken,
Gebälk und Bahnsteig, Laub und Wolkenrand,
Signalpfiff, der Melonenschalen Knacken,
Im duftenden Glacé die scheue Hand.

Es klingt, es dröhnt, es knirscht, die Wellen schlagen,
Und plötzlich Stille: das bedeutet, er
Schlägt furchtsam sich durch Tannicht und durch Nadeln,
Den Schlaf nicht zu verscheuchen um sich her.

Und er zählt Körner, heißt es, die er suchte
In tauben Ähren, es bedeutet, er
Zum Grabstein in Darjal kam, dem verfluchten,
Dem schwarzen, von jemands Begräbnis her.

Und wieder brennt die Mattigkeit in Moskau,
Von fern erklingt ein Todestamburin...
Wer denn verirrt sich zwei Schritt von zu Hause,
Am End der Welt, im Schnee bis zu den Knien?

Weil er den Rauch verglichen mit Laokoon,
Weil er die Friedhofsdistel gar besang,
Im neuen Raum der ausgestrahlten Strophen
Die Welt erfüllt mit seinem neuen Klang –

Dafür zum Lohn bleibt er ein Kind, unsterblich,
Mit reichen Gaben, weitem Sternenblick,

И вся земля была его наследством,
А он его со всеми разделил.

19 января 1936

Одни глядятся в ласковые взоры,
Другие пьют до солнечных лучей,
А я всю ночь веду переговоры
С неукротимой совестью своей.

Я говорю: «Твое несу я бремя
Тяжелое, ты знаешь, сколько лет».
Но для нее не существует время,
И для нее пространства в мире нет.

И снова черный масленичный вечер,
Зловещий парк, неспешный бег коня
И полный счастья и веселья ветер,
С небесных круч слетевший на меня.

А надо мной спокойный и двурогий
Стоит свидетель... о, туда,
По древней подкапризовой дороге,
Где лебеди и мертвая вода.

3 ноября 1936
Фонтанный Дом

Die ganze Welt gehört' ihm, war sein Erbe,
Und er – er schenkte es der Welt zurück.

19. Januar 1936

Die einen spiegeln sich in Schmeichelblicken,
Die andern trinken, bis der Tag anbricht,
Doch mich hält in den Nächten mein Gewissen
Im Zwiegespräch, und es kennt Zähmung nicht.

Ich sag: Ich trage deine schwere Bürde,
Du weißt, wie viele lange Jahre schon.
Doch Zeit ist nichts, das irgend zählen würde
Für mein Gewissen, ebenso wie Raum.

Und wieder ist ein schwarzer Fastnachtsabend,
Der finstre Park, das Pferd, gemächlich, schnaubt,
Und Wind: Glückseligkeit und Freude tragend,
Ist er vom Himmel steil zu mir gebraust.

Und über mir mein Zeuge, still und stetig
Und zweigehörnt… Dahin, o ja, dahin,
Durch die Caprice, auf jenem alten Wege
Zum stillen Wasser, wo die Schwäne ziehn.

3. November 1936
Fontanny Dom

Не прислал ли лебедя за мною,
Или лодку, или черный плот?
Он в шестнадцатом году весною
Обещал, что скоро сам придет.
Он в шестнадцатом году весною
Говорил, что птицей прилечу
Через мрак и смерть к его покою,
Прикоснусь крылом к его плечу.
Мне его еще смеются очи
И теперь шестнадцатой весной.
Что мне делать! Ангел полуночи
До зари беседует со мной.

Февраль 1936
Москва

Schickt er, mich zu holen, keinen Schwan,
Keinen Nachen, keinen schwarzen Kahn?
Er versprach im Frühjahr sechzehn mir:
Warte, bald komm ich zurück zu dir.
In dem Frühling er mir prophezeite,
Daß als Vogel ich durch Tod und Nacht
Zu ihm flöge, säß an seiner Seite,
Und mein Flügel würd ihn streifen sacht.
Jener Frühling sechzehn ist noch immer,
Und wie damals mir sein Auge lacht.
Doch was tun! Denn bis das Frührot schimmert,
Spricht mit mir der Engel dieser Nacht.

Februar 1936
Moskau

О. М.

Воронеж

И город весь стоит оледенелый.
Как под стеклом деревья, стены, снег.
По хрусталям я прохожу несмело.
Узорных санок так неверен бег.
А над Петром воронежском – вороны,
Да тополя, и свод светло-зеленый,
Размытый, мутный, в солнечной пыли,
И Куликовской битвой веют склоны
Могучей, победительной земли.
И тополя, как сдвинутые чаши,
Над нами сразу зазвенят сильней,
Как будто пьют за ликованье наше
На брачном пире тысячи гостей.

А в комнате опального поэта
Дежурят страх и Муза в свой черед.
И ночь идет,
Которая не ведает рассвета.

4 марта 1936

Für O. M.

Woronesch

Die ganze Stadt steht blank, in Eis geschlagen.
Wie unter Glas der Schnee nun, Mauer, Baum.
Ich gehe auf Kristall mit Schritten, zagen.
Die Schlittenfahrt – so unwirklich wie Traum.
Der Peter von Woronesch – unter Krähen.
Und Pappeln. Hellgrüne Gewölbe stehen
Verwaschen, trüb im hellen Sonnendust,
Auf Hängen mächt'ger, siegesschwerer Erde
Ist noch die Schlacht vom Schnepfenfeld bewußt.
Die Pappeln – hoch erhobene Pokale –
Erklingen heftig über uns und rein,
Als tränken Gäste da beim Hochzeitsmahle
Zu Tausenden auf unser Fortgedeihn.

Jedoch in des verbannten Dichters Zimmer
Hält bald die Angst, bald seine Muse Wacht.
Hier herrscht die Nacht,
Der nie ein Tag, nie Morgenröte schimmert.

4. März 1936

Заклинание

Из высоких ворот,
Из заохтенских болот,
Путем нехоженым,
Лугом некошеным,
Сквозь ночной кордон,
Под пасхальный звон,
Незваный,
Несуженый, –
Приди ко мне ужинать.

15 апреля 1936

От тебя я сердце скрыла,
Словно бросила в Неву…
Прирученной и бескрылой
Я в дому твоем живу.
Только… ночью слышу скрипы.
Что там – – в сумраках чужих?
Шереметевские липы…
Перекличка домовых…
Осторожно подступает,
Как журчание воды,
К уху жарко приникает
Черный шепоток беды –
И бормочет, словно дело
Ей всю ночь возиться тут:
«Ты уюта захотела,
Знаешь, где он – твой уют?»

1936

Beschwörung

Aus dem hohen Tor,
Aus dem düstren Moor,
Auf unbegangnem Weg,
Durch Wiesen ungemäht,
Durch Sperre und Meute,
Zum Ostergeläute,
Nicht geladen,
Nicht zugedacht –
Speis mit mir heut nacht.

15. April 1936

Hab vor dir mein Herz versiegelt,
Hab's in der Newa versenkt...
Zahm und mit gestutzten Flügeln
Leb bei dir ich, unbedrängt.
Nur... hör nachts ich's knarren hinten.
Fremdes Dunkel – was mag sein?
Rascheln da die alten Linden...
Ist's ein Kobold-Stelldichein...
Leise nun, verstohlen knisternd,
Dünn wie Wasser rieselnd, so
Schleicht sich schwarzes Unglücksflüstern
Heiß und drängend mir ans Ohr –
Und es zischelt, als hätt's eben
Nachts nichts andres hier zu tun:
„Wolltest doch geborgen leben,
Sag – bist du geborgen nun?"

1936

Данте

Il mio bel San Giovanni
Dante

Он и после смерти не вернулся
В старую Флоренцию свою.
Этот, уходя, не оглянулся,
Этому я эту песнь пою.
Факел, ночь, последнее объятье,
За порогом дикий вопль судьбы.
Он из ада ей послал проклятье
И в раю не мог ее забыть, –
Но босой, в рубахе покаянной,
Со свечой зажженной не прошел
По своей Флоренции желанной,
Вероломной, низкой, долгожданной…

17 августа 1936
Разлив

Dante

Il mio bel San Giovanni
Dante

Dante und Florenz: Dorthin er kehrte
Auch nach seinem Tode nicht zurück.
Als er ging, zurückzuschaun begehrte
Er durchaus nicht. Ihm sing ich dies Lied.
Fackeln, Nacht, das letzte Mal Umarmen,
Draußen schweres Schicksal, ungewiß.
Aus der Hölle er ihr Flüche sandte
Und vergaß sie nicht im Paradies –
Doch im Büßerhemd und mit der Kerze
Ging er niemals barfuß durch die Stadt,
Die geliebte, treulose, perverse,
Sein Florenz, das lang ersehnt er hatt'.

17. August 1936
Rasliw

Всё это разгадаешь ты один…
Когда бессонный мрак вокруг клокочет,
Тот солнечный, тот ландышевый клин
Врывается во тьму декабрьской ночи.
И по тропинке я к тебе иду.
И ты смеешься беззаботным смехом.
Но хвойный лес и камыши в пруду
Ответствуют каким-то странным эхом…
О, если этим мертвого бужу,
Прости меня, я не могу иначе:
Я о тебе, как о своем, тужу
И каждому завидую, кто плачет,
Кто может плакать в этот страшный час
О тех, кто там лежит на дне оврага…
Но выкипела, не дойдя до глаз,
Глаза мои не освежила влага.

1938

Dies alles wirst enträtseln du allein...
Wenn schlaflos ringsum Finsternisse quälen,
Von Maiglöckchen, von Sonne dringt ein Schein
Ins Dunkel der Dezembernacht und Elend.
Und auf tut sich ein Pfad zu dir, ich geh!
Und du, du lachst nur sorglos, unbeschwert.
Der Tannenwald, das Schilf aber im See –
Ihr Echoraunen – seltsam, wie gestört...
O, weckt' ich, Toten, dich aus deiner Ruh,
Trag mir's nicht nach, ich kann es nicht vermeiden:
Ich klag um dich wie um den eignen, du,
Muß jeden, der da weinen kann, beneiden,
Der Tränen hat in dieser schlimmen Zeit
Für die dort liegen tief in schwarzen Schluchten...
Doch meinen Augen ist die Feuchtigkeit
Verdorrt, eh labend sie das Auge suchte.

1938

Годовщину последнюю празднуй –
Ты пойми, что сегодня точь-в-точь
Нашей первой зимы – той, алмазной –
Повторяется снежная ночь.

Пар валит из-под царских конюшен,
Погружается Мойка во тьму,
Свет луны как нарочно притушен,
И куда мы идем – не пойму.

Меж гробницами внука и деда
Заблудился взъерошенный сад.
Из тюремного вынырнув бреда,
Фонари погребально горят.

В грозных айсбергах Марсово поле,
И Лебяжья лежит в хрусталях…
Чья с моею сравняется доля,
Если в сердце веселье и страх.

И трепещет, как дивная птица,
Голос твой у меня над плечом.
И внезапным согретый лучом
Снежный прах так тепло серебрится.

1939

Unsern Jahrestag nochmals begeh,
Diesen einen, verstehst du, es jährte
Unser Winter sich, funkelnd im Schnee,
Diamantene Schneenachtpremiere.

Dort wolkt Dampf von des Zarenhofs Ställen,
Und die Moika versinkt schon im Dust,
Auch das Mondlicht – gedämpft, ohne Helle.
Wo wir hingehn, mir ist's nicht bewußt.

Zwischen Gräbern von Ahnen und Erben
Irrt zerzaust nun der Park in der Nacht.
Wie zur Grablegung brennen Laternen,
Aus dem Alptraum der Kerker erwacht.

Auf dem Marsfelde Eisberge drohen,
Und der Fluß – von Kristallen bedeckt...
Wessen Los gliche meinem: dem frohen,
Heitren Herzen, zu Tode erschreckt.

Wie ein wundersam Vöglein, so trillert
Deine Stimme mir nah überm Ohr.
Jäh erwärmt von 'nem Strahl, kommt mir vor,
Glänzt der Schneestaub in zartestem Silber.

1939

Ива

И дряхлый пук дерев.
Пушкин

А я росла в узорной тишине,
В прохладной детской молодого века.
И не был мил мне голос человека,
А голос ветра был понятен мне.
Я лопухи любила и крапиву,
Но больше всех серебряную иву.
И, благодарная, она жила
Со мной всю жизнь, плакучими ветвями
Бессонницу овеивала снами.
И – странно! – я ее пережила.
Там пень торчит, чужими голосами
Другие ивы что-то говорят.
Под нашими, под теми небесами.
И я молчу… Как будто умер брат.

18 января 1940

Die Weide

Und die altersschwachen Bäume
Puschkin

Und ich wuchs auf in Stille, musterreich,
In des Jahrhundertanfangs kühlem Kinderzimmer.
Und traut mir klangen nicht der Menschen Stimmen,
Doch was der Wind mir weht, verstand ich leicht.
Brennesseln, wilde Kletten mocht ich leiden,
Doch war die liebste mir die silbriggrüne Weide.
Zum Dank hat sie mich all mein Leben hin
Umweht mit ihren langen Trauerzweigen,
Wenn oft ich schlaflos lag, mir Träume zeigend.
Seltsam! Sie ist nicht mehr, derweil ich bin.
Ein Stumpf ragt auf, mit neuen, fremden Stimmen
Sind's andre Weiden, die zu reden haben.
Unter den unsren, unter jenen Himmeln.
Ich aber schweig... Als ob ein Bruder starb.

18. Januar 1940

Подвал памяти

Но сущий вздор, что я живу грустя
И что меня воспоминанье точит.
Не часто я у памяти в гостях,
Да и она меня всегда морочит.
Когда спускаюсь с фонарем в подвал,
Мне кажется – опять глухой обвал
Уже по узкой лестнице грохочет.
Чадит фонарь, вернуться не могу,
А знаю, что иду туда, к врагу.
И я прошу, как милости… Но там
Темно и тихо. Мой окончен праздник!
Уж тридцать лет, как проводили дам,
От старости скончался тот проказник…
Я опоздала. Экая беда!
Нельзя мне показаться никуда.
Но я касаюсь живописи стен
И у камина греюсь. Что за чудо!
Сквозь эту плесень, этот чад и тлен
Сверкнули два зеленых изумруда.
И кот мяукнул. Ну, идем домой!

Но где мой дом и где рассудок мой?

18 января 1940

Erinnerungskeller

Doch blanker Unsinn, daß mich Schwermutslast
Bedrückt, Erinnerungen an mir zehren.
Erinn'rung hat mich selten nur zu Gast,
Hält freilich nur zum Narrn mich, will verstören.
Steig in den Keller mit der Lampe ich,
Ist auf der schmalen Treppe fürchterlich
Ein Bergsturz, polterndes Geröll zu hören.
Jetzt gibt es kein Zurück, die Funzel qualmt,
Ich weiß, ich geh zum Feind, der mich zermalmt.
Ich bitt – um Gnade, ist mir... Aber hier
Ist's finster, still. Leb wohl, mein Fest hienieden!
Schon dreißig Jahr, daß Damen man kutschiert,
Und jener Schäker war als Greis verschieden...
Zu spät für mich. 's hat keinen Sinn.
Was für ein Pech! Kann nirgendwo mehr hin.
Da tast ich ein Gemälde an der Wand
Und wärm mich am Kamin. Ein wahres Wunder!
Und in dem Moder, Lampendunst und Schmant
Seh hell und grün ich zwei Smaragde funkeln.
Der Kater maunzt. Auf jetzt, nach Haus sodann!

Wo aber ist zu Haus, wo mein Verstand?

18. Januar 1940

Клеопатра

Александрийские чертоги
Покрыла сладостная тень.
Пушкин

Уже целовала Антония мертвые губы,
Уже на коленях пред Августом слезы лила…
И предали слуги. Грохочут победные трубы
Под римским орлом, и вечерняя стелется мгла.
И входит последний, плененный ее красотою,
Высокий и статный, и шепчет в смятении он:
«Тебя – как рабыню… в триумфе пошлет пред собою…»
Но шеи лебяжьей всё так же спокоен наклон.

А завтра детей закуют. О, как мало осталось
Ей дела на свете – еще с мужиком пошутить
И черную змейку, как будто прощальную жалость,
На смуглую грудь равнодушной рукой положить.

7 февраля 1940

Kleopatra

Alexandrias Paläste
Deckt der Schatten süßer Nacht.
Puschkin

Schon hat Antonius geküßt sie die Lippen, die toten,
Schon sind die Tränen geweint vor Augustus, auf Knien...
Diener verrieten sie. Schmetternd die Siegestrompeten
Huldigen Rom, und die Dunkelheit breitet ihr Tuch.
Da ins Gemach tritt der letzte der Schönen Ergebne,
Stattlich und groß steht er vor ihr und flüstert verwirrt:
„Dich im Triumph ... vor sich her ... wird er schicken ... als Sklavin..."
Doch neigt sich ruhig der Schwanenhals ihm, unbeirrt.

Morgen die Kinder in Ketten. Was bleibt ihr zu tun noch
Jetzt in der Welt – als zum Wächter ein Scherzwort zuletzt,
Und die nachtschwarze Schlange, wie flüchtiges Abschiedsbedauern,
Gleichgültig sich auf die Brust, auf die braune, gesetzt.

7. Februar 1940

Маяковский в 1913 году

Я тебя в твоей не знала славе,
Помню только бурный твой рассвет,
Но, быть может, я сегодня вправе
Вспомнить день тех отдаленных лет.
Как в стихах твоих крепчали звуки,
Новые роились голоса…
Не ленились молодые руки,
Грозные ты возводил леса.
Всё, чего касался ты, казалось
Не таким, как было до тех пор,
То, что разрушал ты, – разрушалось,
В каждом слове бился приговор.
Одинок и часто недоволен,
С нетерпеньем торопил судьбу,
Знал, что скоро выйдешь весел, волен
На свою великую борьбу.
И уже отзывный гул прилива
Слышался, когда ты нам читал,
Дождь косил свои глаза гневливо,
С городом ты в буйный спор вступал.
И еще не слышанное имя
Молнией влетело в душный зал,
Чтобы ныне, всей страной хранимо,
Зазвучать, как боевой сигнал.

3 - 10 марта 1940

Majakowski im Jahr 1913

Hab dich nicht gekannt in Ruhmestagen,
Weiß nur noch, wie stürmisch du erwacht,
Doch sei's mir vergönnt, davon zu sagen,
Was dich mir so unvergessen macht.
Als du Kraft gewannst in den Gedichten,
Neue Stimmen ins Register nahmst...
Drohende Gerüste zu errichten
Sind die jungen Arme nie erlahmt.
Was du anfingst, war, so schien es immer,
Anders nun und wirkte anders fort,
Und was du zerstörtest, ging in Trümmer –
Urteil hämmerte aus jedem Wort.
Einsam oft und mit dir unzufrieden,
Triebst das Schicksal du voran mit Macht,
Wußtest, würdest frei und froh bald wieder
Gehn in deine große, offne Schlacht.
Schon die Flut, ein donnernd Menetekel,
War zu hören, als du vor uns sprachst,
Schräg vor Zorn ging prasselnd kalter Regen
Auf die Stadt, als du den Frieden brachst.
Und ein Name flog, den keiner kannte,
Wie ein Blitzschlag in den schwülen Saal,
Um, bewahrt-geliebt vom ganzen Lande,
Zu ertönen heut als Kampfsignal.

3.-10. März 1940

Памяти М. Булгакова

Вот это я тебе, взамен могильных роз,
Взамен кадильного куренья;
Ты так сурово жил и до конца донес
Великолепное презренье.
Ты пил вино, ты как никто шутил
И в душных стенах задыхался,
И гостью страшную ты сам к себе впустил,
И с ней наедине остался.
И нет тебя, и всё вокруг молчит
О скорбной и высокой жизни,
Лишь голос мой, как флейта, прозвучит
И на твоей безмолвной тризне.
О, кто поверить смел, что полоумной мне,
Мне, плакальщице дней погибших,
Мне, тлеющей на медленном огне,
Всё потерявшей, всех забывшей, –
Придется поминать того, кто, полный сил
И светлых замыслов, и воли,
Как будто бы вчера со мною говорил,
Скрывая дрожь предсмертной боли.

Март 1940
Фонтанный Дом

Im Gedenken an M. Bulgakow

Dies nimm von mir, statt Rosen auf den Sarg,
Statt Kerzenopfer, Weihrauchspende;
Entbehrung war dein Leben; du warst stark
Und voll Verachtung bis zu Ende.
Du liebtest Scherze, trankst gern Wein,
Und keuchtest, wo es schwül und enge.
Den schlimmen Gast, du batst ihn selbst herein,
Der Meister blieb bei dir, der strenge.
Du bist nicht mehr, und alles rings beschweigt
Das hehre Leben voller Kummer,
Nur meine Stimme nicht, sie geigt
Und flötet dir zum letzten Schlummer.
Wer konnte glauben, ich, ich Unverstand,
Das Klageweib vergang'ner Jahre,
Das vor sich hin glimmt nur mit schwachem Brand,
Von nichts und niemand konnt' bewahren
Erinnerung – ich würde dessen jetzt
Gedenken, der voll Kraft und Geist zuletzt –,
Mir ist, er sprach mit mir noch eben,
Den Todesschmerz verdrängend, bebend.

März 1940
Fontanny Dom

Когда человек умирает,
Изменяются его портреты.
По-другому глаза глядят, и губы
Улыбаются другой улыбкой.
Я заметила это, вернувшись
С похорон одного поэта.
И с тех пор проверяла часто,
И моя догадка подтвердилась.

21 мая 1940

Wenn ein Mensch stirbt,
Verwandeln sich seine Bilder.
Anders blicken die Augen, die Lippen
Lächeln ein anderes Lächeln.
Ich bemerkte dies, als ich heimkam
Vom Begräbnis eines Dichters.
Oft hab ich's seither überprüft
Und sah meine Vermutung bestätigt.

21. Mai 1940

Из цикла «В сороковом году»

Август 1940

Когда погребают эпоху,
Надгробный псалом не звучит,
Крапиве, чертополоху
Украсить ее предстоит.
И только могильщики лихо
Работают. Дело не ждет!
И тихо, так, господи, тихо,
Что слышно, как время идет.
А после она выплывает,
Как труп на весенней реке,
Но матери сын не узнает,
И внук отвернется в тоске.
И клонятся головы ниже,
Как маятник, ходит луна.

Так вот – над погибшим Парижем
Такая теперь тишина.

5 августа 1940

Aus dem Zyklus „Im Jahr vierzig"

August 1940

Wird eine Epoche begraben,
Kein Psalm zum Geleit ihr ertönt,
Und Brennesseln, Disteln haben
Beizeiten die Gruft ihr verschönt.
Nur die Totengräber erweisen
Sich tätig – wie flink sie sind!
Und leis ist's dabei, Gott, so leise:
Man hört, wie die Zeit verrinnt.
Und später dann Wellen sie schwemmen
Als Leiche im Fluß an im März –
Ihr Sohn wird sie nicht mehr erkennen,
Der Enkel sie scheuen vor Schmerz.
Da sinken die Häupter zu Boden,
Im Pendelgang trottet der Mond.

So still liegt Paris jetzt – zu Tode
Getreten, wie unbewohnt.

5. August 1940

Лондонцам

Двадцать четвертую драму Шекспира
Пишет время бесстрастной рукой.
Сами участники грозного пира,
Лучше мы Гамлета, Цезаря, Лира
Будем читать над свинцовой рекой;
Лучше сегодня голубку Джульетту
С пеньем и факелом в гроб провожать,
Лучше заглядывать в окна к Макбету,
Вместе с наемным убийцей дрожать, –
Только не эту, не эту, не эту,
Эту уже мы не в силах читать!

1940

Für die Londoner

Shakespeares vierundzwanzigstes Drama
Wird von der Zeit uns gefühllos diktiert.
Selber im Spiel, in den schrecklichen Rahmen
Gezwängt, lesen wir lieber den Hamlet
Über dem bleigrauen Fluß und den Lear;
Geben lieber heut Julia, der Holden,
Singend, mit Fackeln zur Gruft das Geleit;
Besser, Macbeth in die Fenster zu spähen,
Bebend, dem käuflichen Mörder zur Seit –
Alle, nur dies nicht, nur dieses nicht lesen,
Nicht mehr imstand sind wir, dieses zu sehn!

1940

Тень

Что знает женщина одна
О смертном часе?
О. Мандельштам

Всегда нарядней всех, всех розовей и выше,
Зачем всплываешь ты со дна погибших лет
И память хищная передо мной колышет
Прозрачный профиль твой за стеклами карет?
Как спорили тогда – ты ангел или птица!
Соломинкой тебя назвал поэт.
Равно на всех сквозь черные ресницы
Дарьяльских глаз струился нежный свет.
О тень! Прости меня, но ясная погода,
Флобер, бессонница и поздняя сирень
Тебя – красавицу тринадцатого года –
И твой безоблачный и равнодушный день
Напомнили… А мне такого рода
Воспоминанья не к лицу. О тень!

9 августа 1940. Вечером

Der Schatten

Doch diese Frau: was weiß sie
von der Todesstunde?
O. Mandelstam

Was tauchst du auf vor mir vom Grund verlorner Jahre,
Du, schmuck und rosig stets, an Schlankheit unerreicht,
Daß die Erinnerung, die Räuberin, dein zartes
Profil, sich hinter Kutschenfenstern wiegend, zeigt?
Ob Vöglein du, ob Engel – wir warn einig nimmer!
Ein Dichter hat dich Strohhalm einst genannt.
Auf alle gleich floß Licht durch schwarze Wimpern
Kaukasisch abgrundtiefer Augen sanft.
O Schatten! Zürn mir nicht – doch diese klaren Tage,
Der späte Flieder, Nächte ohne Schlaf, Flaubert
Beschwören Schöne, dich, des ungetrübten Jahres,
Des Jahres dreizehn, da du sorglos lebtest, her,
Da wolkenlos dein Tag ... Doch just so mag es
Mich zu erinnern, mir nicht anstehn – Schatten, hör!

9. August 1940. Abends

Реквием

1935 – 1940

Нет, и не под чуждым небосводом,
И не под защитой чуждых крыл, –
Я была тогда с моим народом,
Там, где мой народ, к несчастью, был.
1961

Вместо предисловия

В страшные годы ежовщины я провела семнадцать месяцев в тюремных очередях в Ленинграде. Как-то раз кто-то «опознал» меня. Тогда стоящая за мной женщина с голубыми губами, которая, конечно, никогда в жизни не слыхала моего имени, очнулась от свойственного нам всем оцепенения и спросила меня на ухо (там все говорили шепотом):

– А это вы можете описать?
И я сказала:
– Могу.
Тогда что-то вроде улыбки скользнуло по тому, что некогда было ее лицом.

1 апреля 1957 г.
Ленинград

Requiem

1935 – 1940

Nein, nicht unter fremden Himmeln,
Noch unterm Schutze fremder Schwingen gar –
Ich war bei meinem Volke damals immer,
Dort, wo mein Volk, zu seinem Unglück, war.
1961

Statt eines Vorworts

In den schrecklichen Jahren des Jeschow-Terrors verbrachte ich siebzehn Monate in den Warteschlangen vor den Leningrader Gefängnissen. Eines Tages „identifizierte" mich jemand. Da erwachte eine hinter mir stehende Frau mit blauen Lippen, die meinen Namen natürlich noch nie zuvor gehört hatte, aus der uns allen eigenen Erstarrung und fragte mich flüsternd (so sprachen wir damals alle miteinander):

„Und Sie können das beschreiben?"
Ich sagte:
„Ja."
Da huschte etwas wie ein Lächeln über das, was einmal ihr Gesicht gewesen war.

1. April 1957
Leningrad

Посвящение

Перед этим горем гнутся горы,
Не течет великая река,
Но крепки тюремные затворы,
А за ними «каторжные норы»
И смертельная тоска.
Для кого-то веет ветер свежий,
Для кого-то нежится закат –
Мы не знаем, мы повсюду те же,
Слышим лишь ключей постылый скрежет
Да шаги тяжелые солдат.
Подымались как к обедне ранней,
По столице одичалой шли,
Там встречались, мертвых бездыханней,
Солнце ниже, и Нева туманней,
А надежда все поет вдали.
Приговор… И сразу слезы хлынут,
Ото всех уже отделена,
Словно с болью жизнь из сердца вынут,
Словно грубо навзничь опрокинут,
Но идет… Шатается… Одна.
Где теперь невольные подруги
Двух моих осатанелых лет?
Что им чудится в сибирской вьюге,
Что мерещится им в лунном круге?
Им я шлю прощальный мой привет.

Март 1940 г.

Widmung

Unter diesem Kummer schwanken Berge,
Und es fließt nicht mehr der große Fluß.
Sicher aber sind die Riegel in den Kerkern,
Hinter ihnen Höhlen, eng wie Särge,
Voller Schwermut, die dich töten muß.
Und für jemand andern Winde wehen,
Andre freut der Sonnenuntergang –
Wir, wir wissen nur, daß wir hier stehen,
Hören Schlüssel nur sich knirschend drehen
Und die Stiefelschritte hier entlang.
Standen auf, als wär's zur frühen Messe,
Gingen durch die leidgeprüfte Stadt,
Reihten ein uns, fahl von Totenblässe,
Niedrig schwamm die Sonne in der Newa Nässe,
Und die Hoffnung sang von ferne matt.
's Urteil dann... Und schon die Tränen schießen,
Bin im Nu von allen isoliert,
Als wär 's Leben aus der Brust gerissen,
Als würd derb zu Boden ich geschmissen,
Doch sie schwankt davon... Allein... Sie friert.
Wo sind die Gefährtinnen geblieben
Zweier Jahre, hilflos und ergrimmt?
Wovon fröstelt sie's im Sturm Sibiriens,
Wird der Vollmond ihr Gedenken trüben?
Ihnen ist mein Abschiedsgruß bestimmt.

März 1940

Вступление

Это было, когда улыбался
Только мертвый, спокойствию рад.
И ненужным привеском болтался
Возле тюрем своих Ленинград.
И когда, обезумев от муки,
Шли уже осужденных полки,
И короткую песню разлуки
Паровозные пели гудки,
Звезды смерти стояли над нами,
И безвинная корчилась Русь
Под кровавыми сапогами
И под шинами черных марусь.

I

Уводили тебя на рассвете,
За тобой, как на выносе, шла,
В темной горнице плакали дети,
У божницы свеча оплыла.
На губах твоих холод иконки,
Смертный пот на челе... Не забыть!
Буду я, как стрелецкие женки,
Под кремлевскими башнями выть.

(Ноябрь) 1935 г.
Москва

Verhaftung

Es war damals, als Lächeln gehörte
Nur dem Toten, weil Ruhe er hatt',
Und ein Anhängsel war, unnütz störend,
Ihren Kerkern die Stadt Leningrad.
Als da zogen, von Sinnen vor Qualen,
Schon verurteilt, Kolonnen entlang,
Als von pfeifenden Loks zum Signale
Jäher Trennung ein Lied noch erklang,
Stand im Zeichen des Todes der Himmel;
Unter blutigen Stiefeln der Macht
Unser unschuldig Rußland sich krümmte
Und den schwarzen Marussjas bei Nacht.

I

Die dich holten, warn früh da, im Finstern,
Wie beim Leichenzug folgte ich nach,
In der Stube da weinten die Kinder,
Vom Ikonenlicht tropfte das Wachs.
Deine Lippen – Ikonen gleich, kalte,
Auf der Stirn Todesschweiß – seh's noch nimmer!
Werd's wie die Strelitzenfrauen halten:
Lauthals bei den Kremltürmen wimmern.

(November) 1935
Moskau

II

Тихо льется тихий Дон,
Желтый месяц входит в дом.

Входит в шапке набекрень,
Видит желтый месяц тень.

Эта женщина больна,
Эта женщина одна.

Муж в могиле, сын в тюрьме,
Помолитесь обо мне.

1938

III

Нет, это не я, это кто-то другой страдает.
Я бы так не могла, а то, что случилось,
Пусть черные сукна покроют,
И пусть унесут фонари…
Ночь.

1939

II

Stiller Don fließt ein und aus,
Gelber Mond kommt in das Haus.

Kommt, schief auf dem Kopf die Mütz,
Sieht, daß da ein Schatten sitzt.

Diese Frau sitzt da und schwankt.
Ist allein, die Frau, und krank.

Sohn im Kerker, Mann im Grab,
Betet für mich, die's mal gab.

1938

III

Nein, das bin nicht ich, jemand anders ist's, der da leidet,
Ich, ich könnte das nicht, und was da geschehn ist,
Sollen schwarze Tücher bedecken,
Und die Lampen trage man fort...
Nacht.

1939

IV

Показать бы тебе, насмешнице
И любимице всех друзей,
Царскосельской веселой грешнице,
Что случится с жизнью твоей –
Как трехсотая, с передачею,
Под Крестами будешь стоять
И своею слезой горячею
Новогодний лед прожигать.
Там тюремный тополь качается,
И ни звука – а сколько там
Неповинных жизней кончается…

1938

V

Семнадцать месяцев кричу,
Зову тебя домой,
Кидалась в ноги палачу,
Ты сын и ужас мой.
Все перепуталось навек,
И мне не разобрать
Теперь, кто зверь, кто человек,
И долго ль казни ждать.
И только пышные цветы,
И звон кадильный, и следы
Куда-то в никуда.
И прямо мне в глаза глядит
И скорой гибелью грозит
Огромная звезда.

1939

IV

Hätt man, Spötterin, dir das prophezeit,
Allen Freunden ein lieber Gast,
Heitre Sünderin unschuld'ger Zeit,
Was im Leben du vor dir hast –
Als Dreihundertste, Paket griffbereit,
Würdest du vorm Gefängnis stehn,
Und von den heißen Tränen deines Leids
Würd zu Neujahr das Eis zergehn.
Vorm Gefängnis die Pappeln, sie beben,
Rings kein Laut – doch wie viele schon
Rafft's dahin jetzt an schuldlosen Leben...

1938

V

Schon siebzehn Monate ich schrei
Und rufe dich nach Haus.
Vorm Henker auf die Knie: Laß frei
Ihn! Du mein Sohn, mein Graus.
Heillos Verwirrung ist in mir,
Weiß nicht mehr aus noch ein.
Wer ist ein Mensch, wer ist ein Tier,
Wird's weit zum Strang noch sein.
Und üpp'ge Blumen, Weihrauch nur,
Ins Nirgendwo führt eine Spur,
In neblig weite Fern.
Und grad ins Auge schaut mir, droht
Verderben an und bald'gen Tod
Ein riesengroßer Stern.

1939

VI

Легкие летят недели.
Что случилось, не пойму,
Как тебе, сынок, в тюрьму
Ночи белые глядели,
Как они опять глядят
Ястребиным жарким оком,
О твоем кресте высоком
И о смерти говорят.

Весна 1939 г.

VII

Приговор

И упало каменное слово
На мою еще живую грудь.
Ничего, ведь я была готова,
Справлюсь с этим как-нибудь.

У меня сегодня много дела:
Надо память до конца убить,
Надо, чтоб душа окаменела,
Надо снова научиться жить.

А не то... Горячий шелест лета
Словно праздник за моим окном.
Я давно предчувствовала этот
Светлый день и опустелый дом.

(22 июня) 1939 г., Фонтанный Дом

VI

Wochen, die vorüber fliegen.
Ich begreif nicht, was geschah,
Wie in deinen Kerker da
Wohl die weißen Nächte schienen,
Wie sie scheinen wieder heut,
Mit den Habichtsaugen, klaren,
Dir von hohem Kreuze sagen
Und vom Tode, der dir dräut.

Frühjahr 1939

VII

Das Urteil

Und es fiel ein Wort mir wie aus Stein
Auf die noch lebend'ge Brust.
Werd schon fertig damit, was soll sein,
Hab es vorher ja gewußt.

Dinge wollen viel getan nun werden:
Muß Erinnrung töten, die verletzt,
Muß die Seele mir zu Stein verhärten,
Neu zu leben muß ich lernen jetzt.

Und wenn nicht... Die Hitze knistert – Sommer
Wie ein Fest vorm Fenster draußen gleißt.
Lang schon ahnt ich's, fühlte ich es kommen,
Dieses Licht – und sah das Haus verwaist.

(22. Juni) 1939, Fontanny Dom

VIII

К смерти

Ты все равно придешь – зачем же не теперь?
Я жду тебя – мне очень трудно.
Я потушила свет и отворила дверь
Тебе, такой простой и чудной.
Прими для этого какой угодно вид,
Ворвись отравленным снарядом
Иль с гирькой подкрадись, как опытный бандит,
Иль отрави тифозным чадом.
Иль сказочкой, придуманной тобой
И всем до тошноты знакомой, –
Чтоб я увидела верх шапки голубой
И бледного от страха управдома.
Мне все равно теперь. Клубится Енисей,
Звезда Полярная сияет.
И синий блеск возлюбленных очей
Последний ужас застилает.

19 августа 1939 г.
Фонтанный Дом

VIII

An den Tod

Du kommst doch sowieso – warum dann jetzt nicht, hier?
Denn mit dem Warten tu ich schwer mich.
Hab schon das Licht gelöscht, geöffnet auch die Tür
Für dich, der einfach ist und herrlich.
Nimm die Gestalt an, die du hältst für opportun,
Zerberst vielleicht als Giftgranate,
Schleich dich mit einer Hantel an, wie's Mörder tun,
Vergifte mich mit Typhusschwaden.
Erschein als Märchen mir, das du erfunden hast,
Das jeder kennt bis zum Erbrechen,
Daß ich den Hausverwalter seh, vor Schreck erblaßt,
Die blaue Mütze in der Rechten.
Mir einerlei. Der Jenissej – im Dunst nun ganz,
Doch den Polarstern seh ich strahlen.
Und aus verliebten Augen wird ein blauer Glanz
Das letzte Grauen übermalen.

19. August 1939
Fontanny Dom

IX

Уже безумие крылом
Души накрыло половину,
И поит огненным вином,
И манит в черную долину.

И поняла я, что ему
Должна я уступить победу,
Прислушиваясь к своему
Уже как бы чужому бреду.

И не позволит ничего
Оно мне унести с собою
(Как ни упрашивай его
И как ни докучай мольбою):

Ни сына страшные глаза –
Окаменелое страданье,
Ни день, когда пришла гроза,
Ни час тюремного свиданья,

Ни милую прохладу рук,
Ни лип взволнованные тени,
Ни отдаленный легкий звук –
Слова последних утешений.

4 мая 1940 г.
Фонтанный Дом

IX

Nun hat des Wahnsinns Flügelschwung
Mir schon verhüllt die halbe Seele,
Tränkt sie mit seinem Feuertrunk,
Lockt sie in seine finstren Täler.

Und ich versteh, er triumphiert,
Begreif, ich bin verrückt geworden:
Ich hör es, wenn ich phantasier,
Als tönten eines andern Worte.

Und er verbietet, zu bewahrn
Was mir geblieben ist vom Leben
(Da mag ich noch so sehr beharrn,
Ihn anflehn, daß er's möge geben):

Des Sohnes Augen, schreckensstarr,
Sein wie zu Stein gewordnes Leiden,
Den Tag, als das Gewitter war,
Wie ich ihn sehen durft zu Zeiten,

Die liebe Kühle seiner Hand,
Die Schatten aufgeregter Linden,
Den leisen Laut, der fern entschwand –
Worte, den letzten Trost zu finden.

4. Mai 1940
Fontanny Dom

X

Распятие

«Не рыдай Мене, Мати,
Во гробе зрящия

1

Хор ангелов великий час восславил,
И небеса расплавились в огне.
Отцу сказал: «Почто Меня оставил!»
А Матери: «О, не рыдай Мене...»

1940

2

Магдалина билась и рыдала,
Ученик любимый каменел,
А туда, где молча Мать стояла,
Так никто взглянуть и не посмел.

1940
Фонтанный Дом

X

Kreuzigung

„Weine nicht, Mutter,
Mich im Sarg sehend“

1

Der Chor der Engel pries die hohe Stunde,
In Feuersglut ergossen Himmel sich.
Zum Vater: „Warum hast du mich verlassen!“
Zur Mutter: „Weine nicht um mich...“

1940

2

Magdalena, in Verzweifung, weinte,
Und der Lieblingsjünger jäh ergraute,
Aber dorthin, wo die Mutter stand,
Niemand sich nur hinzusehn getraute.

1940
Fontanny Dom

Эпилог

1

Узнала я, как опадают лица,
Как из-под век выглядывает страх,
Как клинописи жесткие страницы
Страдание выводит на щеках,
Как локоны из пепельных и черных
Серебряными делаются вдруг,
Улыбка вянет на губах покорных,
И в сухоньком смешке дрожит испуг.
И я молюсь не о себе одной,
А обо всех, кто там стоял со мною
И в лютый холод, и в июльский зной
Под красною, ослепшею стеною.

Epilog

1

Ich sah Gesichter, sah, wie sie verfallen,
Wie Angst aus halb geschloßnen Lidern lugt,
Wie Leiden meißelt auf der Menschen Wangen
Der Keilschrift harte Zeichen ein genug,
Sah, wie des Haares Aschblond oder Schwärze
In Silberweiß sich jäh verwandeln kann,
Sah Lächeln auf ergebnen Lippen sterben,
Und wie im kurzen Lachen bebt die Angst.
Ich bete heute nicht für mich allein,
Ich bet für alle, die mit mir gestanden,
Ob's grimmig kalt war, ob im Juli heiß,
Unter der roten Mauer blinden Kanten.

2

Опять поминальный приблизился час.
Я вижу, я слышу, я чувствую вас:

И ту, что едва до окна довели,
И ту, что родимой не топчет земли,

И ту, кто красивой тряхнув головой,
Сказала: «Сюда прихожу, как домой».

Хотелось бы всех поименно назвать,
Да отняли список, и негде узнать.

Для них соткала я широкий покров
Из бедных, у них же подслушанных слов.

О них вспоминаю всегда и везде,
О них не забуду и в новой беде,

И если зажмут мой измученный рот,
Которым кричит стомильонный народ,

Пусть так же они поминают меня
В канун моего поминального дня.

А если когда-нибудь в этой стране
Воздвигнуть задумают памятник мне,

Согласье на это даю торжество,
Но только с условьем – не ставить его

Ни около моря, где я родилась:
Последняя с морем разорвана связь,

2

Die Stund des Gedenkens ist wiederum da.
Ich seh euch, ich hör euch, ich spür euch ganz nah:

Die's damals mit Müh an den Schalter geschafft,
Und jene, die's lang vor der Zeit hingerafft,

Und die ihre Locken warf, prächtig und schwer:
"Als käm ich nach Hause, so komm ich hierher."

Ich hätte gern namentlich jede genannt,
Doch die Liste ist weg, keine Auskunft im Land.

Für alle hab ich eine Decke gewebt
Aus Worten, von ihnen gehört und erlebt.

Ich erinnre mich stets, weiß noch jedes Gesicht,
Vergesse sie nie, auch in neuer Not nicht.

Wenn einst man mir zudrückt den leidvollen Mund,
Aus dem ein Millionenvolk schreit noch zur Stund,

Dann mög man gedenken auch meiner einmal
Am Abend vor meinem Gedenkfeiertag.

Und wär einst der Bau eines Denkmals geplant,
Um mein zu gedenken, zu ehrn mich im Land,

So würde mir dieser Triumph wohl gefalln,
Doch stimme ich zu unter dem Vorbehalt,

Man stell's nicht ans Meer, wo ich einst wurd geborn:
Die Verbindung dahin ging mir längst schon verlorn,

Ни в царском саду у заветного пня,
Где тень безутешная ищет меня,

А здесь, где стояла я триста часов
И где для меня не открыли засов.

Затем, что и в смерти блаженной боюсь
Забыть громыхание черных марусь,

Забыть, как постылая хлопала дверь
И выла старуха, как раненый зверь.

И пусть с неподвижных и бронзовых век,
Как слезы, струится подтаявший снег,

И голубь тюремный пусть гулит вдали,
И тихо идут по Неве корабли.

Около 10 марта 1940 г.
Фонтанный Дом

In den Zarenpark nicht, die verschwiegene Bucht,
Wo untröstlich ein Schatten bis heut nach mir sucht,

Sondern hierhin, wo dreihundert Stunden ich stand
Und wo sich kein offenes Tor für mich fand.

Damit auch im Tode ich immer noch hör
Die schwarzen Marussjas, sie polterten schwer,

Und wie sie laut zuschlug, verhaßt war die Tür,
Die alte Frau heult' wie vor Schmerzen ein Tier.

Dann soll von den reglosen bronzenen Lidern
Wie Tränen der tauende Schnee rinnen nieder,

Dann soll die Gefängnistaub' gurren von weitem,
Und auf der Newa still die Schiffe gleiten.

Um den 10. März 1940
Fontanny Dom

Сонет

Совсем не тот таинственный художник,
Избороздивший Гофмановы сны, –
Из той далекой и чужой весны
Мне чудится смиренный подорожник.

Он всюду рос, им город зеленел,
Он украшал широкие ступени,
И с факелом свободных песнопений
Психея возвращалась в мой придел.

А в глубине четвертого двора
Под деревом плясала детвора
В восторге от шарманки одноногой,

И била жизнь во все колокола…
А бешеная кровь меня к тебе вела
Сужденной всем, единственной дорогой.

18 января 1941

Sonett

Nein, nicht der Maler, jener wundersame,
Der mystisch, bunt durch Hoffmanns Träume strich –
Von jenem Frühling schlichter Wegerich
Erscheint mir, jenes fernen, fremden Jahres.

Die Stadt war grün von ihm, und unverlangt
Verschönte er die breiten Treppenstufen,
Um auf den Altar frei zurück zu rufen
Mir Psyche mit der Fackel des Gesangs.

Und hinten auf dem Hof die Kinder
Umtanzten jubelnd eine Linde,
Begeistert von der Einbein-Orgel Drehn.

Das Leben machtvoll alle Glocken schwang,
Und ungestüm mein wildes Blut mich zwang
Zu dir; den Weg – ein jeder muß ihn gehn.

18. Januar 1941

Ленинград в марте 1941 года

Cadran solaire на Меньшиковом доме
Подняв волну, проходит пароход.
О, есть ли что на свете мне знакомей,
Чем шпилей блеск и отблеск этих вод!
Как щелочка, чернеет переулок.
Садятся воробьи на провода.
У наизусть затверженных прогулок
Соленый привкус – тоже не беда.

1941

Из цикла «Ветер войны»

Птицы смерти в зените стоят,
Кто идет выручать Ленинград?

Не шумите вокруг – он дышит,
Он живой еще, он всё слышит:

Как на влажном балтийском дне
Сыновья его стонут во сне,

Как из недр его вопли: «Хлеба!» –
До седьмого доходят неба…

Но безжалостна эта твердь.
И глядит из всех окон – смерть.

28 сентября 1941 (Самолет)

Leningrad im März 1941

Am Menschikowschen Hause der Cadran solaire.
Die Welle hebend, zieht ein Schiff vorbei.
Was gibt es denn, das mir vertrauter wäre
Als jener spitzen Türme Widerschein
Auf dieser Flut! Spaltschwarz die Seitengasse.
Die Spatzen auf der Leitung – mehr und mehr.
Daß meine Wege, auswendige, nasse,
Leicht salzig schmecken – weiter kein Malheur.

1941

Aus dem Zyklus „Kriegswind“

Todesvögel am Himmel schrein.
Wer nur kann Leningrad befrein?

Es atmet – Ruhe doch, nicht stören!
Ist noch am Leben, kann gut hören:

Wie auf dem feuchten Meeresgrund
Im Schlaf seine Söhne stöhnen und

Nach Brot es schreit aus seiner Tiefe,
Als ob's zum fernsten Himmel riefe...

Doch den erweicht sie nicht, die Not.
Schon aus den Fenstern blickt – der Tod.

28. September 1941 (Flugzeug)

Мужество

Мы знаем, что̀ ныне лежит на весах
И что̀ совершается ныне.
Час мужества пробил на наших часах,
И мужество нас не покинет.
Не страшно под пулями мертвыми лечь,
Не горько остаться без крова, –
И мы сохраним тебя, русская речь,
Великое русское слово.
Свободным и чистым тебя пронесем,
И внукам дадим, и от плена спасем
Навеки!

23 февраля 1942
Ташкент

А вы, мои друзья последнего призыва!
Чтоб вас оплакивать, мне жизнь сохранена.
Над вашей памятью не стыть плакучей ивой,
А крикнуть на весь мир все ваши имена!
Да что там имена!
Ведь всё равно – вы с нами!...
Все на колени, все!
Багряный хлынул свет!
И ленинградцы вновь идут сквозь дым рядами –
Живые с мертвыми: для славы мертвых нет.

Август 1942
Дюрмень

Mut

Wir wissen, was heut auf der Waagschale liegt,
Wir wissen ums große Geschehen.
Die Stunde des Muts ist's, die unsre Uhr tickt,
Der Mut wird uns niemals vergehen.
Im Feuer zu fallen – nichts schreckt uns hinfort.
Das Haus uns zerstört – keine Klage.
Und du sei verteidigt, du, russisch Wort,
Du heilige russische Sprache.
Wolln frei dich und rein dich durch Tod und Gefahren,
Von Knechtschaft errettet, den Enkeln bewahren
Auf ewig!

23. Februar 1942
Taschkent

Ach, meine Freunde ihr des letzten Aufgebotes!
Euch zu beweinen, bin ich noch verschont.
Doch nicht als Trauerweid' gedenken eures Todes
Will ich – nein, laut der Sonne und dem Mond
Will schrei'n ich eure Namen!
Dennoch, eure Seelen
Sind bei uns. Alle auf die Knie!
Wie Purpur flammt das Licht
Wenn sie marschiern, die Leningrader, zählen
Gefall'ne mit: der Ruhm kennt Tote nicht.

August 1942
Djurmen

Важно с девочками простились,
На ходу целовали мать,
Во всё новое нарядились,
Как в солдатики шли играть.

Ни плохих, ни хороших, ни средних…
Все они по своим местам,
Где ни первых нет, ни последних…
Все они опочили там.

1943

На Смоленском кладбище

А все, кого я на земле застала,
Вы, века прошлого дряхлеющий посев!

Вот здесь кончалось всё: обеды у Донона,
Интриги и чины, балет, текучий счет…
На ветхом цоколе – дворянская корона
И ржавый ангелок сухие слезы льет.
Восток еще лежал непознанным пространством
И громыхал вдали, как грозный вражий стан,
А с Запада несло викторианским чванством,
Летели конфетти и подвывал канкан.

1942
Дюрмень

Steif ihren Mädchen Lebwohl sie sagten,
Gaben der Mutter den Kuß nebenbei,
Hatten sich fein gemacht, unbehaglich,
Wie zum Soldatenspiel rückten sie ein.

Warn weder Schlechte noch Durchschnitt noch Beste...
Jeder von ihnen stand brav seinen Mann,
Wo's keine Ersten gibt und keine Letzten...
Alle sie fällte der Schnitter dann.

1943

Auf dem Smolenka-Friedhof

Ihr alle, die ich traf auf dieser Erde,
Ihr, des Jahrhunderts vor uns unfruchtbare Saat!

Und hier ging es zu Ende: Donons reiche Tafeln,
Intrigen, das Ballett, das Konto, Rang und Amt...
Auf schwankem Sockel – Wappenschild des Adels,
Ein rost'ges Engelchen weint trockne Tränen sanft.
Der Osten harrte noch als unentdeckte Weite
Und grollte fern, wie Feindeshorden drohn,
Der Westen – viktorianisch, Dünkel, Seide,
Warf mit Konfetti, heulte den Cancan.

1942
Djurmen

Три осени

Мне летние просто невнятны улыбки,
И тайны в зиме не найду.
Но я наблюдала почти без ошибки
Три осени в каждом году.

И первая – праздничный беспорядок
Вчерашнему лету назло,
И листья летят, словно клочья тетрадок,
И запах дымка так ладанно-сладок,
Всё влажно, пестро и светло.

И первыми в танец вступают березы,
Накинув сквозной убор,
Стряхнув второпях мимолетные слезы
На соседку через забор.

Но эта бывает – чуть начата повесть.
Секунда, минута, и вот
Приходит вторая, бесстрастна, как совесть.
Мрачна, как воздушный налет.

Все кажутся сразу бледнее и старше,
Разграблен летний уют,
И труб золотых отдаленные марши
В пахучем тумане плывут…

И в волнах холодных его фимиама
Закрыта высокая твердь,

Drei Herbste

Der Sommer, er lächelt? Ich kann es nicht finden.
Der Winter sei rätselhaft? Schwerlich.
Doch hab ich erforscht und ich konnte ergründen:
Drei Herbste ereignen sich jährlich.

Der erste will feiern, statt Ordnung zu halten,
Dem scheidenden Sommer zum Schur,
Bläst Blätter umher wie aus Heften, bemalten,
Nach Rauch riecht die Luft, als ob Weihrauchduft wallte,
Und bunt, hell und feucht ist die Flur.

Als erste im Tanze die Birken sich drehen,
In Umhängen, durchsichtig dünn,
Und eilends sie schütteln die flüchtigen Tränen
Zaunüber, zur Nachbarin hin.

Doch oft bricht das Märchen hier ab schon beizeiten.
Minutenschnell, leidenschaftslos, ohne Signal –
Als schlüg das Gewissen, beginnt jetzt der zweite
Wie finsterer Luftüberfall.

Auf einmal scheint alles gealtert und ärmer,
Behagen des Sommers: geraubt.
Die goldnen Trompeten ertönen von ferne,
Verschwommen im Nebel, ertaubt...

Und in seines Weihrauches feuchtkaltes Wallen
Gehüllt liegen Höhe und Mitte.

Но ветер рванул, распахнулось – и прямо
Всем стало понятно: кончается драма,
И это не третья осень, а смерть.

6 ноября 1943
Ташкент

А в книгах я последнюю страницу
Всегда любила больше всех других, –
Когда уже совсем неинтересны
Герой и героиня, и прошло
Так много лет, что никого не жалко,
И, кажется, сам автор
Уже начало повести забыл,
И даже «вечность поседела»,
Как сказано в одной прекрасной книге,
Но вот сейчас, сейчас
Всё кончится, и автор снова будет
Бесповоротно одинок, а он
Еще старается быть остроумным
Или язвит – прости его господь! –
Прилаживая пышную концовку,
Такую, например:
…И только в двух домах
В том городе (название неясно)
Остался профиль (кем-то обведенный
На белоснежной извести стены),
Не женский, не мужской, но полный тайны.
И, говорят, когда лучи луны –
Зеленой, низкой, среднеазиатской –

Da plötzlich ein Windstoß – und klar wird es allen:
Das Drama ist aus und der Vorhang gefallen,
Der Tod ist's, kein Herbst – nicht der dritte.

6. November 1943
Taschkent

In Büchern liebte ich die letzte Seite
Mehr noch als all die anderen davor –
Wenn schon verloren jedes Interesse
Am Helden, an der Heldin des Romans
Und so viel Zeit vergangen, daß schon keinem
Der Leser nachweint; auch der Autor, scheint es,
Den Anfang der Geschichte längst vergaß,
Sogar „die Ewigkeit ergraute",
Um hier aus einem schönen Buche zu zitieren.
Doch jetzt – sogleich, sogleich
Hört alles auf, der Autor wird von neuem
Unrettbar einsam sein, und er versucht,
Noch Witziges zu sagen, zu brillieren,
Oder er steigert sich – vergeb's ihm Gott! –
Zu Ironie, er konstruiert ein Ende,
Ein wahrlich prächtiges, wie dies:
... Und nur an zweien noch, nur an zwei Häusern
In jener Stadt (mit ungewissem Namen)
Ist ein Profil zu sehen an der Wand
(Wie Schnee so weiß der Kalk, drauf die Konturen),
Nicht weiblich, männlich nicht, doch voll Geheimnis.
Es muß, heißt's, lediglich das Licht des Monds –
Des grünen, niedrigen von Mittelasien –

По этим стенам в полночь пробегают,
В особенности в новогодний вечер,
То слышится какой-то легкий звук,
Причем одни его считают плачем,
Другие разбирают в нем слова.
Но это чудо всем поднадоело,
Приезжих мало, местные привыкли,
И, говорят, в одном из тех домов
Уже ковром закрыт проклятый профиль.

25 ноября 1943
Ташкент

Когда лежит луна ломтем чарджуйской дыни
На краешке окна и духота кругом,
Когда закрыта дверь, и заколдован дом
Воздушной веткой голубых глициний,
И в чашке глиняной холодная вода,
И полотенца снег, и свечка восковая
Горит, как в детстве, мотыльков сзывая,
Грохочет тишина, моих не слыша слов, –
Тогда из черноты рембрандтовских углов
Склубится что-то вдруг и спрячется туда же,
Но я не встрепенусь, не испугаюсь даже…
Здесь одиночество меня поймало в сети.
Хозяйки черный кот глядит, как глаз столетий,
И в зеркале двойник не хочет мне помочь.
Я буду сладко спать. Спокойной ночи, ночь.

28 марта 1944
Ташкент

Um Mitternacht auf diese Wände fallen,
Besonders in der Nacht vor Neujahrsmorgen,
Dann sei da etwas Leises, ein Geräusch
Zu hören, manche deuten es als Weinen,
Und andre meinen, wer hab was gesagt.
Doch bald wurd aus dem Wunder Langeweile,
Besuch kommt selten, Hiesigen ist's Alltag,
Eins dieser Häuser, heißt es, hab verhängt
Schon den verwünschten Umriß mit 'nem Teppich.

25. November 1943
Taschkent

Wenn als turkmenische Melonenscheibe liegen
Den Mond ich seh am Fensterrand, und Schwüle drückt,
Die Tür geschlossen, 's Haus verzaubert, wie entrückt
In duftig blauen Zweigen der Glyzinien,
Im braunen Krug aus Ton das Wasser still und kühl,
Und dort des Handtuchs Schnee, die Kerze auf dem Halter,
Als Kind schon brannt' sie mir, versammelte die Falter,
Wenn Stille dröhnt ringsum, ertaubt für jedes Wort
Aus meinem Mund – dann strebt aus Rembrandtschwärze fort
Ganz plötzlich etwas, ballt sich, um sich zu verstecken;
Ich zuck nicht mal zusammen, bin nicht zu erschrecken...
Hier hat mich Einsamkeit mit ihrem Netz umsponnen.
Der Wirtin Kater blickt, im Auge Zeit geronnen
Von hundert Jahrn. Mein Spiegeldoppel – hilflos, müd.
So gute Nacht denn, Nacht. Weil's mich zum Kissen zieht.

28. März 1944
Taschkent

Без даты

А человек, который для меня
Теперь никто, а был моей заботой
И утешеньем самых горьких лет,
Уже бредет, как призрак по окрайнам,
По закоулкам и задворкам жизни.
Тяжелый, одурманенный безумьем,
С оскалом волчьим…
Боже, Боже, Боже.
Как пред тобой я тяжко согрешила!
Оставь мне жалость хоть…

13 января 1945

Музыка

Д. Д. Ш.

В ней что-то чудотворное горит,
И на глазах ее края гранятся.
Она одна со мною говорит,
Когда другие подойти боятся.
Когда последний друг отвел глаза,
Она была со мной в моей могиле
И пела словно первая гроза
Иль будто все цветы заговорили.

31 января 1958
Ленинград

Ohne Datum

Und dieser Mensch, für mich ein Niemand heut
Nur noch, und war doch meine ganze Sorge,
Mein Trost damals in jener bittren Zeit,
Wie ein Gespenst schleppt er sich durch die Gassen,
Die Hinterhöfe in des Lebens Öde,
Mit schweren Schritten und betäubt von Wahnsinn,
Die Zähne wölfisch bleckend...
Gott im Himmel,
Wie schwer hab ich vor dir mich nicht versündigt!
Um Mitleid fleh ich nur...

13. Januar 1945

Musik

Für D. D. Sch.

Es brennt in ihr etwas, das Wunder tut,
Ihr Auge hat Facetten, fein geschliffen.
Sie spricht allein mit mir und tut mir gut,
Wenn andre mir zu nahen sich verkniffen.
Als einst mein letzter Freund mich übersah,
War sie in meinem Grab, in meinen Nächten
Und sang, als wär das Urgewitter da,
Als würden alle Blumen zu mir sprechen.

31. Januar 1958
Leningrad

Это рысьи глаза твои, Азия,
Что-то высмотрели во мне,
Что-то выдразнили подспудное
И рожденное тишиной,
И томительное, и трудное,
Как полдневный термезский зной.
Словно вся прапамять в сознание
Раскаленной лавой текла,
Словно я свои же рыдания
Из чужих ладоней пила.

1945

Deine Luchsaugen haben, Asien,
Es gesehn an mir, es erspäht,
Es hervorgelockt, das Verborgene,
Das aus Stille in mir entsteht,
Dieses Quälende, dieses Dorrende,
So wie Mittagsglut in Termes,
Als ob Ur-Wissen flöss' wie Lavaglut,
Ins Bewußtsein mir eingebrannt,
Und als tränke den eignen Tränenfluß
Ich von Fremden aus hohler Hand.

1945

Cinque

Autant que toi sans doute il te sera fidèle
Et constant jusque à la mort.
Baudelaire

1

Как у облака на краю,
Вспоминаю я речь твою,

А тебе от речи моей
Стали ночи светлее дней.

Так, отторгнутые от земли,
Высоко мы, как звезды, шли.

Ни отчаянья, ни стыда
Ни теперь, ни потом, ни тогда.

Но живого и наяву,
Слышишь ты, как тебя зову.

И ту дверь, что ты приоткрыл,
Мне захлопнуть не хватит сил.

26 ноября 1945

Cinque

Autant que toi sans dout il te sera fidèle
Et constant jusque à la mort.
Baudelaire

1

Wie von Wolken tönt in mir nach,
Was so zärtlich du zu mir sprachst.

So wie Worte, die ich gesagt,
Hell wie Tag dir die Nacht gemacht.

Und von Erdenschwere befreit,
Gingen wir oben wie Sterne beid.

Nicht Verzweiflung noch falsche Scham
Ficht uns heut oder jemals an.

Als Lebendiger, wach genug,
Wirst du hören, wenn ich dich ruf.

Und die Tür, aus der du gewinkt,
Zuzuschlagen mir nie gelingt.

26. November 1945

2

Истлевают звуки в эфире,
И заря притворилась тьмой.
В навсегда онемевшем мире
Два лишь голоса: твой и мой.
И под ветер с незримых Ладог,
Сквозь почти колокольный звон,
В легкий блеск перекрестных радуг
Разговор ночной превращен.

20 декабря 1945

3

Я не любила с давних дней,
Чтобы меня жалели,
А с каплей жалости твоей
Иду, как с солнцем в теле.
Вот отчего вокруг заря.
Иду я, чудеса творя,
Вот отчего!

20 декабря 1945

2

Letzte Laute im Äther verglimmen,
Und das Abendrot täuscht, es wird Nacht.
Und die Welt ist verstummt, nur zwei Stimmen,
Deine, meine nur, sind noch wach.
Mit dem Wind fern vom Ladoga-Norden,
Durch ein Klingen wie Glockenton sacht
Ist zum Kreuzregenbogen geworden
Das Gespräch dieser zweisamen Nacht.

20. Dezember 1945

3

Hab es mein Lebtag nicht geliebt,
Daß jemand mich bedaure,
Dein Tröpfchen Mitleid aber gibt
Mir einen Sonnenschauer.
Davon ist Morgenröte rings.
Und was ich anpack, mir gelingt's,
Just davon!

20. Dezember 1945

4

Знаешь сам, что не стану славить
Нашей встречи горчайший день.
Что тебе на память оставить?
Тень мою? На что тебе тень?
Посвященье сожженной драмы,
От которой и пепла нет,
Или вышедший вдруг из рамы
Новогодний страшный портрет?
Или слышимый еле-еле
Звон березовых угольков,
Или то, что мы не успели
Досказать про чужую любовь?

6 января 1946

5

Не дышали мы сонными маками,
И своей мы не знали вины.
Под какими же звездными знаками
Мы на горе себе рождены?

И какое кромешное варево
Поднесла нам январская тьма?
И какое незримое зарево
Нас до света сводило с ума?

11 января 1946

4

Unsrer Zweisamkeit bittres Ende,
Wie du weißt, ich nicht preisen werd.
Zur Erinnerung was dir spenden?
Meinen Schatten? Für dich kein Wert.
Für das Drama, das längst verbrannte,
Eine Widmung – in Asche, kalt?
Gar das Bild, aus dem Rahmen sprang es
Just zu Neujahr, bedrohlich knall'nd?
Von der Kohlenglut ein Stück Birke,
Leise knisterndes, kaum zu hörn –
Oder was über fremde Liebe
Nicht zu Ende wir sprachen mehr?

6. Januar 1946

5

Keinen Schlafmohn wir je inhalierten.
Unsre Schuld? Uns ist keine bewußt.
Welche Sternzeichen aber regierten,
Uns zum Unglück, bei unsrer Geburt?

Welches Höllengebräu denn kredenzte
Uns der Jänner, in Dunkel gewand't?
Welcher nächtliche Feuerschein glänzte
Wie ein Irrlicht uns, nahm den Verstand?

11. Januar 1946

Северные элегии

Всё в жертву памяти твоей…
Пушкин

(1)

Первая

Предыстория

Я теперь живу не там…
Пушкин

Россия Достоевского. Луна
Почти на четверть скрыта колокольней.
Торгуют кабаки, летят пролетки,
Пятиэтажные растут громады
В Гороховой, у Знаменья, под Смольным.
Везде танцклассы, вывески менял,
А рядом: „Henriette", „Basile", „André"
И пышные гроба: «Шумилов-старший».
Но, впрочем, город мало изменился.
Не я одна, но и другие тоже
Заметили, что он подчас умеет
Казаться литографией старинной,
Не первоклассной, но вполне пристойной,
Семидесятых, кажется, годов.
Особенно зимой, перед рассветом
Иль в сумерки – тогда за воротами
Темнеет жесткий и прямой Литейный,
Еще не опозоренный модерном,
И визави меня живут – Некрасов
И Салтыков… Обоим по доске
Мемориальной. О, как было б страшно
Им видеть эти доски! Прохожу.

Nördliche Elegien

Zum Opfer dir, – dir zum Gedächtnis...
Puschkin

(1)

Die erste

V o r g e s c h i c h t e

Nicht leb ich dort jetzt...
Puschkin

Das Rußland Dostojewskis. Seinen Mond
Bedeckt ein Glockenturm zu einem Viertel.
Die Kneipen zechen, eilig traben Droschken,
Und fünfgeschossige Kolosse wachsen
In der Gorochowaja, am Snamenje
Und Smolny. Tanzschulen und Wechselstuben,
Nebst „Henriette“, „Basile“, „André“.
Grabstätten luxuriös: „Schumilow senior“.
Ansonsten hat die Stadt sich kaum verändert.
Nicht ich allein, auch andere bemerkten,
Daß einem alten Steindruck sie zuweilen
Recht nah zu kommen scheint, einem gediegnen,
Wenn auch nicht einem allererster Güte,
Von einem Künstler, scheint's, der siebziger Jahre.
  Zumal im Winter, vor dem Morgengrauen,
  Beim Abenddämmern auch, wenn vor dem Tore
  Hart und gerade dunkelt der Litejny,
  Noch nicht verhöhnt von Bauten der Moderne,
  Und vis-à-vis von mir – das Haus Nekrassows
  Und Saltykows... An beide heut erinnern
  Gedenktafeln. Wie hätt' es sie entsetzt,
  Die Tafeln noch zu sehn! Ich geh vorbei.

А в старой Руссе пышные канавы,
И в садиках подгнившие беседки,
И стекла окон так черны, как прорубь,
И мнится, там такое приключилось,
Что лучше не заглядывать, уйдем.
Не с каждым местом сговориться можно,
Чтобы оно свою открыло тайну
(А в Оптиной мне больше не бывать…).
Шуршанье юбок, клетчатые пледы,
Ореховые рамы у зеркал,
Каренинской красою изумленных,
И в коридорах узких те обои,
Которыми мы любовались в детстве,
Под желтой керосиновою лампой,
И тот же плюш на креслах…
  Всё разночинно, наспех, как-нибудь…
  Отцы и деды непонятны. Земли
  Заложены. И в Бадене – рулетка.

И женщина с прозрачными глазами
(Такой глубокой синевы, что море
Нельзя не вспомнить, поглядевши в них),
С редчайшим именем и белой ручкой,
И добротой, которую в наследство
Я от нее как будто получила, –
Ненужный дар моей жестокой жизни…

Страну знобит, а омский каторжанин
Всё понял и на всем поставил крест.
Вот он сейчас перемешает всё
И сам над первозданным беспорядком,
Как некий дух, взнесется. Полночь бьет.

Staraja Russa dann mit schönen Gräben,
Und in den Gärtchen modrig-morsche Lauben,
Die Fensterscheiben wie ein Eisloch schwarz;
Dahinter, scheint's, geschahen schlimme Dinge,
Die läßt man besser ruhn. Wir gehen fort.
Nicht jeder Ort läßt mit sich reden,
Uns sein Geheimnis frei zu offenbaren
(So wird mich Optina nicht wiedersehen...).
Rascheln von Kleidern und karierte Plaids,
In dunkles Nußbaumholz gefaßte Spiegel,
Verwundert ob Kareninschen Gepränges,
Und auf den schmalen Gängen die Tapeten,
Die gleichen, die uns Kinder einst erfreuten
Unter der gelblichen Petroleumlampe,
Der gleiche Plüsch der Sessel...
  Intelligenzlerhaft salopp das, ungefähr...
  Die Väter nicht begreifbar. Länderein
  Versetzt. In Baden kreiselt das Roulette.

Und diese Frau mit ihren klaren Augen
(Von solchem tiefen Blau, daß an das Meer
Ein jeder denkt, der je hineingesehen),
Mit weißer Hand und kostbar seltnem Namen,
Von einer Güte, die ich dann von ihr
Als Erbteil hab anscheinend übernommen –
Nutzlose Gabe für mein hartes Los...

Es fröstelte das Land. Der Omsker Sträfling
Begriff, was war, und schlug das Kreuz: zu Ende.
Und jetzt wirft alles um er, mischt es neu,
Erhebt sich überm ersterschaffnen Chaos
So wie ein Geist. Die Uhr schlägt Mitternacht.

Перо скрипит, и многие страницы
Семеновским припахивают плацем.

Так вот когда мы вздумали родиться
И, безошибочно отмерив время,
Чтоб ничего не пропустить из зрелищ
Невиданных, простились с небытьем.

3 сентября 1940
Ленинград
Октябрь 1943
Ташкент

Die Feder kratzt, es riecht auf vielen Seiten
Nach jenem Hof, nach dem Semjonowplatz.

Grad damals war es, daß zur Welt zu kommen
Uns einfiel – sicher messend uns die Zeit,
Um keins der großen Schauspiele zu missen,
Und Abschied nahmen von des Nichtseins Leere.

3. September 1940
Leningrad
Oktober 1943
Taschkent

(2)

Вторая

Так вот он – тот осенний пейзаж,
Которого я так всю жизнь боялась:
И небо – как пылающая бездна,
И звуки города – как с того света
Услышанные, чуждые навеки,
Как будто всё, с чем я внутри себя
Всю жизнь боролась, получило жизнь
Отдельную и воплотилось в эти
Слепые стены, в этот черный сад…
А с ту минуту за плечом моем
Мой бывший дом еще следил за мною
Прищуренным, неблагосклонным оком,
Тем навсегда мне памятным окном.
Пятнадцать лет – пятнадцатью веками
Гранитными как будто притворились,
Но и сама была я как гранит:
Теперь моли, терзайся, называй
Морской царевной. Всё равно. Не надо…
Но надо было мне себя уверить,
Что это всё случалось много раз,
И не со мной одной – с другими тоже,
И даже хуже. Нет, не хуже – лучше.
И голос мой – и это, верно, было
Всего страшней – сказал из темноты:
«Пятнадцать лет назад какой ты песней
Встречала этот день, ты небеса,
И хоры звезд, и хоры вод молила
Приветствовать торжественную встречу
С тем, от кого сегодня ты ушла…

(2)

Die zweite

Da ist sie – jene Herbsteslandschaft,
Wie ich mein ganzes Leben sie gefürchtet:
Der Himmel, der zu lodern scheint, ein Schlund,
Der Stadt Geräusche – wie aus jener Welt,
Doch hier dem Ohr vernehmlich, ewig fremd mir,
Als wäre alles, was im Innern ich
In mir bekämpfte, hier erwacht zum Leben,
Zu eigenem, und hab Gestalt gefunden
In blinden Mauern, diesem schwarzen Garten...
Zugleich sah hinter meiner Schulter mir
Mein früh'res Haus noch nach, aus scheelem Auge,
Mißgünstig zugekniffen war's und lauernd:
Das Fenster, das ich wahrlich nie vergeß.
Die fünfzehn Jahre – als Jahrhunderte
Verstellten sie sich, schien's, granitene,
Jedoch ich selber war ja wie Granit:
Magst flehen nun, zerfleischen dich, egal,
Mich Seeprinzessin nennen – nichts tut Not...
Not aber tat mir, klaren Augs zu sehen,
Daß jenes Düstre allzu oft geschah,
Und nicht nur mir, auch andren widerfuhr's,
Und ärger. Nein, nicht ärger – milder.
Und meine Stimme – und das ist fürwahr
Das Allerschlimmste – sagte aus dem Dunkel:
„Mit welchem Lied hast du vor fünfzehn Jahren
Begrüßt nicht jenen Tag – du riefst den Himmel,
Die Sternenreigen, Wassergründe an,
Die Feier der Begegnung zu bezeugen
Mit dem, von dem du heute bist gegangen...

Так вот твоя серебряная свадьба:
Зови ж гостей, красуйся, торжествуй!»

Март 1942
Ташкент

(3)

Третья

Меня, как реку,
Суровая эпоха повернула.
Мне подменили жизнь. В другое русло,
Мимо другого потекла она,
И я своих не знала берегов.
О, как я много зрелищ пропустила,
И занавес вздымался без меня
И так же падал. Сколько я друзей
Своих ни разу в жизни не встречала,
И сколько очертаний городов
Из глаз моих могли бы вызвать слезы,
А я один на свете город знаю
И ощупью его во сне найду.
И сколько я стихов не написала,
И тайный хор их бродит вкруг меня,
И, может быть, еще когда-нибудь
Меня задушит...
Мне ведомы начала и концы,
И жизнь после конца, и что-то,
О чем теперь не надо вспоминать.
И женщина какая-то мое

Du hast heut Silberhochzeit ja, so freu dich:
Lad Gäste ein dir, feire, zeig dich schön!“

März 1942
Taschkent

(3)

Die dritte

Mich hat wie einen Fluß
Hart umgelenkt die grausame Epoche,
Mein Leben mir vertauscht. Im andern Bett,
Und neben diesem andren, floß es hin,
Und nichts weiß ich von meinen eignen Ufern.
Oh, wie viel Szenen hab ich so versäumt,
Wo sich der Vorhang ohne mich gehoben
Und ohne mich gesenkt. Wie viele Freunde
Durft nie im Leben so ich kennen lernen,
Wie vieler schöner Städte Silhouetten,
Von denen mir die Augen feucht geworden wären,
So kenn ich eine nur auf dieser Welt,
Die kann ich blind, im Schlafe noch erkennen.
Und wie viel Verse blieben ungeschrieben,
Ihr Schweigechor umschwebt mich insgeheim
Und wird vielleicht einmal
Mich noch erdrücken...
Um allen Anfang weiß ich, um das Ende,
Das Leben nach dem Ende und derlei,
Woran's nicht Not tut jetzt, sich zu erinnern.
Von einer Frau weiß ich, die meinen Platz,

Единственное место заняла,
Мое законнейшее имя носит,
Оставивши мне кличку, из которой
Я сделала, пожалуй, всё, что можно.
Я не в свою, увы, могилу лягу.
Но если бы откуда-то взглянула
Я на свою теперешнюю жизнь,
Узнала бы я зависть наконец…

2 сентября 1945
Ленинград

(4)

Четвертая

Есть три эпохи у воспоминаний.
И первая – как бы вчерашний день.
Душа под сводом их благословенным,
И тело в их блаженствует тени.
Еще не замер смех, струятся слезы,
Пятно чернил не стерто со стола, –
И, как печать на сердце, поцелуй,
Единственный, прощальный, незабвенный…
Но это продолжается недолго…
Уже не свод над головой, а где-то
В глухом предместье дом уединенный,
Где холодно зимой, а летом жарко,
Где есть паук и пыль на всем лежит,
Где истлевают пламенные письма,
Исподтишка меняются портреты,

Den mir allein gebühr'nden, eingenommen,
Sie trägt meinen gesetzverbrieften Namen,
Ließ einen Afternamen mir, aus dem
Ich das mir Mögliche wohl konnte machen.
Doch sink ich, leider! nicht ins eigne Grab.
Wenn aber auf mein Leben dieser Tage
Ich blicken könnt von anderswo, von ferne,
Würd endlich ich erfahren wohl den Neid...

2. September 1945
Leningrad

(4)

Die vierte

Es gibt drei Stadien der Erinnerungen.
Das erste war erst gestern, wie uns scheint.
Sein milder Bogen überwölbt die Seele,
In seinem Schatten schwelgt beglückt der Leib.
Noch hallt das Lachen und noch fließen Tränen,
Der Tintenfleck ist feucht noch auf dem Tisch –
Wie, auf das Herz gedrückt, des Kusses Siegel,
Der Abschiedskuß, der einz'ge, unvergeßne...
Jedoch all dies ist nicht von langer Dauer.
Kein Bogen wölbt sich mehr, doch irgendwo
Ein Haus im öden Vorort, abgeschieden,
Wo's kalt im Winter ist, im Sommer heiß,
Wo Spinnen sind und alles voller Staub,
Wo Briefe heißer Herzen still vermodern,
Porträts an Wänden im Geheimen wechseln,

Куда как на могилу ходят люди,
А возвратившись, моют руки мылом,
И стряхивают беглую слезинку
С усталых век – и тяжело вздыхают…
Но тикают часы, весна сменяет
Одна другую, розовеет небо,
Меняются названья городов,
И нет уже свидетелей событий,
И не с кем плакать, не с кем вспоминать.
И медленно от нас уходят тени,
Которых мы уже не призываем,
Возврат которых был бы страшен нам.
И, раз проснувшись, видим, что забыли
Мы даже путь в тот дом уединенный,
И, задыхаясь от стыда и гнева,
Бежим туда, но (как во сне бывает)
Там всё другое: люди, вещи, стены,
И нас никто не знает – мы чужие.
Мы не туда попали… Боже мой!
И вот когда горчайшее приходит:
Мы сознаем, что не могли б вместить
То прошлое в границы нашей жизни,
И нам оно почти что так же чуждо,
Как нашему соседу по квартире,
Что тех, кто умер, мы бы не узнали,
А те, с кем нам разлуку бог послал,
Прекрасно обошлись без нас – и даже
Всё к лучшему…

5 февраля 1945
Ленинград

Wohin die Menschen wie zu Gräbern gehen
Und sich verstohlen eine Träne streifen
Vom müden Lid – mit einem tiefen Seufzer...
Und, heimgekehrt, sich rasch die Hände waschen.
Die Uhr tickt weiter aber, einen Frühling
Löst ab der andre, rot färbt sich der Himmel,
Es wechseln ihren Namen stolze Städte,
Und keiner kann mehr, was geschah, bezeugen,
Keiner, der mit uns weint, mit uns gedenkt.
Und langsam gehn von uns die Schatten,
Die wir allmählich aufhörn zu beschwören
Und deren Wiederkehr uns schrecklich wär.
Erwacht dann, sehen wir, daß wir vergaßen
Den Weg schon zu dem abgeschiednen Haus –
Beschämt und zornig laufen los wir, keuchend,
Dorthin – jedoch (wie man's erlebt im Traum)
Ist alles anders dort: die Menschen, Dinge, Mauern,
Und niemand kennt uns – wir sind nichts als Fremde.
Mein Gott, wo sind wir? Doch am falschen Ort...
Und nun kommt uns die bitterste Erkenntnis:
Daß wir beileibe nicht imstande wären,
In unser Leben das Vergangne aufzunehmen,
Daß es uns fremd ist, fast beinah so fremd
Wie unserm Nachbarn nebenan im Hause,
Daß wir die Toten nicht erkennen würden,
Daß die, von denen's Schicksal uns geschieden,
Uns gut entbehren können – und sogar
Zu ihrem Besten...

5. Februar 1945
Leningrad

(Дополнения)

(5)

(О десятых годах)

И никакого розового детства…
Веснушечек, и мишек, и кудряшек,
И добрых теть, и страшных дядь, и даже
Приятелей средь камешков речных.
Себе самой я с самого начала
То чьим-то сном казалась или бредом,
Иль отраженьем в зеркале чужом,
Без имени, без плоти, без причины.
Уже я знала список преступлений,
Которые должна я совершить.
И вот я, лунатически ступая,
Вступила в жизнь и испугала жизнь:
Она передо мною стлалась лугом,
Где некогда гуляла Прозерпина,
Передо мной, безродной, неумелой,
Открылись неожиданные двери,
И выходили люди, и кричали:
«Она пришла, она пришла сама!»
А я на них глядела с изумленьем
И думала: «Они с ума сошли!»
И чем сильней они меня хвалили,
Чем мной сильнее люди восхищались,
Тем мне страшнее было в мире жить
И тем сильней хотелось пробудиться,
И знала я, что заплачу сторицей
В тюрьме, в могиле, в сумасшедшем доме,

(Ergänzungen)

(5)

(Über das zweite Jahrzehnt)

Von einer rosigen Kindheit keine Rede –
Mit Teddybären, Löckchen, Sommersprossen,
Mit guten Tantchen, bösen Onkels, ja,
Nicht einmal Freunde gab's am Fluß zum Spielen.
Ich selbst erlebte mich von Anfang an
Geträumt von jemand andrem, phantasiert
Im Fieber, auch als eines Fremden Spieglung,
Als körperloser, namenloser Zufall.
Schon kannte ich die Liste der Verbrechen,
Die zu begehn mir aufgetragen war.
So ging wie schlafwandelnd ich denn einher,
Das Leben zu bestehn und zu erschrecken:
Es breitete sich vor mir wie die Wiese,
Auf der Proserpina einmal gewandelt,
Und mir, der Täppischen, dem Zufallsbalg,
Mir öffneten sich unversehens Türen,
Aus denen Leute traten, und sie riefen:
„Sie ist gekommen! Herrlich, sie ist da!“
Doch ich betrachtete sie mit Erstaunen
Und dachte bei mir: Sind die noch bei Trost!
Je heftiger sie lobten, mich umringten,
Je mehr Begeistrung mir entgegenschlug,
Um so entsetzlicher war's mir zu leben,
Um so verzweifelter ich aufzuwachen
Mich sehnte. Hundertfach würd ich bezahlen
Mit Irrenhaus, Gefängnis, mit dem Grab,

Везде, где просыпаться надлежит
Таким, как я, – но длилась пытка счастьем.

4 июля 1955
Москва

(6)

В том доме было очень страшно жить,
И ни камина свет патриархальный,
Ни колыбелька моего ребенка,
Ни то, что оба молоды мы были
И замыслов исполнены...
Не уменьшало это чувство страха.
И я над ним смеяться научилась,
И оставляла капельку вина
И крошки хлеба для того, кто ночью
Собакою царапался у двери
Иль в низкое заглядывал окошко,
В то время как мы, замолчав, старались
Не видеть, что творится в зазеркалье,
Под чьими тяжеленными шагами
Стонали темной лестницы ступени,
Как о пощаде жалостно моля.
И говорил ты, странно улыбаясь:
«Кого *они* по лестнице несут?»

Теперь ты там, где знают всё, скажи:
Что в этом доме жило кроме нас?

1921
Царское Село

Wo meinesgleichen zu erwachen hat –
Doch hielt sie an, die Folterung mit Glück.

4. Juli 1955
Moskau

(6)

In jenem Hause war es schlimm zu leben,
Nicht des Kamins altväterlicher Schimmer,
Auch nicht die Wiege meines kleinen Kindes,
Noch daß wir beide junge Leute waren
Und voller Pläne –
Hat dies Gefühl des Schreckens abgeschwächt.
Ich lernte dann, darüber laut zu lachen,
Und stellte dem, der da als Hund des Nachts
An unsrer Tür gekratzt, paar Krumen Brot,
Dazu ein Schlückchen Wein hin – oder dem,
Der zu uns nieder durch das kleine Fenster spähte,
Derweil wir zwei, verstummt, den Spiegel mieden,
Um nicht zu sehen, was darinnen vorging,
Von wessen plumpen, schweren Stiefeltritten
Im Dunkeln unsre Treppenstufen ächzten,
Als bäten kläglich sie um Schonung allesamt.
Du fragtest manchmal mit 'nem schiefen Lächeln:
„Wen tragen *sie* die Treppe da hinab?“

Jetzt bist du wo man alles weiß, nun sag:
Was hat mit uns in diesem Haus gewohnt?

1921
Zarskoje Selo

Шиповник цветет

Из сожженной тетради

And thou art distant in humanity.
Keats

Вместо праздничного поздравленья
Этот ветер, жесткий и сухой,
Принесет вам только запах тленья,
Привкус дыма и стихотворенья,
Что моей написаны рукой.

24 декабря 1959

1. Сожженная тетрадь

Уже красуется на книжной полке
Твоя благополучная сестра,
А над тобою звездных стай осколки
И под тобою угольки костра.
Как ты молила, как ты жить хотела,
Как ты боялась едкого огня!
Но вдруг твое затрепетало тело,
А голос, улетая, клял меня.
И сразу все зашелестели сосны
И отразились в недрах лунных вод.
А вкруг костра священнейшие весны
Уже вели надгробный хоровод.

1961

Die Heckenrose blüht

Aus einem verbrannten Heft

And thou art distant in humanity.
Keats

Statt zum Fest euch Grüße auszurichten,
Weht ein trockner Wind nur rauh und scharf
Euch Verwesung zu mitsamt dem schlichten
Beigeschmack von Rauch, und mit Gedichten.
Die ich fand und auf die Blätter warf.

24. Dezember 1959

1. Das verbrannte Heft

Schon deine Schwester, glücklicher und neuer,
Prangt stolz auf meinem Bücherbord,
Doch über dir, da schwärmt ein Sternenfeuer,
Und unter dir, da glüh'n die Kohlen fort.
Du hast gefleht, du wolltst so gerne leben,
Der Biß der grellen Flamme schreckte dich!
Doch schon erfaßte deinen Leib ein Beben,
Die Stimme fluchte mir, als sie entwich.
Da rauschten auf die Kiefern, neigten
Im Widerschein sich unter Mondesflut,
Und Frühlingsdüfte tanzten Grabesreigen
Gar weihevoll rings um die Feuersglut.

1961

2. Наяву

И время прочь, и пространство прочь,
Я все разглядела сквозь белую ночь:
И нарцисс в хрустале у тебя на столе,
И сигары синий дымок,
И то зеркало, где, как в чистой воде,
Ты сейчас отразиться мог.
И время прочь, и пространство прочь…
Но и ты мне не можешь помочь.

13. юня 1946

3. Во сне

Черную и прочную разлуку
Я несу с тобою наравне.
Что ж ты плачешь? Дай мне лучше руку,
Обещай опять прийти во сне.
Мне с тобою как горе с горою…

Мне с тобой на свете встречи нет.
Только б ты полночною порою
Через звезды мне прислал привет.

15 февраля 1946

2. In Wirklichkeit

Die Zeit ist fort, und der Raum ist fort,
Durch die weiße Nacht seh ich's, wie umflort:
In Kristall die Narzisse auf deinem Tisch,
Der Zigarre bläuliche Ringe
Und den Spiegel, der immer getreulich dich
Klarem Wasser gleich abgebildet...
Die Zeit ist fort, und der Raum ist fort...
Und Hilfe von dir – ein leeres Wort.

13. Juni 1946

3. Im Traum

Uns so schwarz und ewig zu verlieren,
Daran trag wie du ich, im Vertraun.
Warum weinst du? Reich die Hand mir lieber
Und versprich: Zeigst wieder dich im Traum.
Wir sind Berg und Berg, die Täler teilen...

Niemand auf der Welt ist sich so fern.
Wenn du nur um Mitternacht zuweilen
Ließest grüßen über einen Stern.

15. Februar 1946

4.

И увидел месяц лукавый,
Притаившийся у ворот,
Как свою посмертную славу
Я меняла на вечер тот.

Теперь меня позабудут,
И книги сгниют в шкафу.
Ахматовской звать не будут
Ни улицу, ни строфу.

27 января 1946
Ленинград

5.

Дорогою ценой и нежданной
Я узнала, что помнишь и ждешь.
А быть может, и место найдешь
Ты – могилы моей безымянной.

Август 1946
Фонтанный Дом

4.

Und der Mond sah's, der verschlagen
Hinter einer Tür gelauscht,
Wie ich gegen jenen Abend
Meinen Nachruhm eingetauscht.

Werd nun in Vergessen enden
Und mein Werk in Schimmelfraß,
Der Achmatowa gedenken
Keine Strophe, keine Straß.

27. Januar 1946
Leningrad

5.

Teuer zahlt' ich für plötzliche Kunde:
Du erinnerst dich, wartest, du fragst.
Und vielleicht hast ja du eines Tags
Auch mein Grab ohne Namen gefunden.

August 1946
Fontanny Dom

6. Первая песенка

Таинственной невстречи
Пустынны торжества,
Несказанные речи,
Безмолвные слова.
Нескрещенные взгляды
Не знают, где им лечь.
И только слезы рады,
Что можно долго течь.
Шиповник Подмосковья,
Увы! при чем-то тут…
И это всё любовью
Бессмертной назовут.

5 декабря 1956

6. Erstes kleines Lied

Dunkler Nichtbegegnung
Frucht: im Keim verdorrt.
Lautlos die Gespräche,
Ungesagt das Wort.
Nicht gewechselt Blicke,
Wissen nicht, wo ruhn.
Tränen sind im Glücke,
Fließen lange nun.
Warst ja, Heckenrose,
Leider auch dabei...
Und da heißt's, daß große
Liebe ewig sei.

5. Dezember 1956

7. Другая песенка

Несказанные речи
Я больше не твержу,
Но в память той невстречи
Шиповник посажу.

Как сияло там и пело
Нашей встречи чудо,
Я вернуться не хотела
Никуда оттуда.
Горькой было мне усладой
Счастье вместо долга,
Говорила с кем не надо,
Говорила долго.
Пусть влюбленных страсти душат,
Требуя ответа,
Мы же, милый, только души
У предела света.

1957
Комарово, Лето

7. Anderes kleines Lied

Werd mir künftig schenken
Stumme Worte, lautlose.
Doch der Nichtbegnung denkend,
Pflanz ich eine Heckenrose.

Wie mich strahlen ließ und singen
Unsres Treffens Glück,
Wollte, meine Wege gingen
Nimmermehr zurück.
Sich des Glücks zu freun war bitter,
Mahnte doch die Pflicht,
Ich sprach unbedacht zu dritten,
Viel wie lange nicht.
Mögen sich Verliebte quälen,
Daß sie Antwort fänden,
Wir sind, Liebster, doch nur Seelen
Hier am Weltenende.

1957
Komarowo. Sommer

8. Сон

Сладко ль видеть неземные сны?
А. Блок

Был вещим этот сон или не вещим…
Марс воссиял среди небесных звезд,
Он алым стал, искрящимся, зловещим,
А мне в ту ночь приснился твой приезд.

Он был во всем… И в баховской Чаконе,
И в розах, что напрасно расцвели,
И в деревенском колокольном звоне
Над чернотой распаханной земли.

И в осени, что подошла вплотную
И вдруг, раздумав, спряталась опять.
О август мой, как мог ты весть такую
Мне в годовщину страшную отдать!

Чем отплачу за царственный подарок?
Куда идти и с кем торжествовать?
И вот пишу, как прежде без помарок,
Мои стихи в сожженную тетрадь.

14 августа 1956
Старки – Москва

8. Der Traum

Ist es schön, unirdische Träume zu haben?
Alexander Blok

Will dieser Traum mir Zukunft prophezeien...
Hell wie kein Stern ringsum erstrahlte Mars
Und funkelte blutrot, ein böses Zeichen –
Da träumte ich, daß du gekommen warst.

Du warst in allem da... In Bachs Allemande,
Im Blühn der Rosen, wie vergeblich war's...,
Im Glockenton der Kirche auf dem Lande
Über der umgepflügten Erde Schwarz.

Warst da im Herbst. Er war so nah, der bunte,
Besann sich aber anders über Nacht
Und floh. O mein August, daß solche Kunde
Du mir zum schlimmen Jahrestag gebracht!

Wie nur das fürstliche Geschenk erwidern?
Soll ich mit allen feiern, die ich treff?
Darum notier ich, und ins Reine wieder,
Mir diese Verse ins verbrannte Heft.

14. August 1956
Starki – Moskau

9.

По той дороге, где Донской
Вел рать великую когда-то,
Где ветер помнит супостата,
Где месяц желтый и рогатый, –
Я шла, как в глубине морской…
Шиповник так благоухал,
Что даже превратился в слово,
И встретить я была готова
Моей судьбы девятый вал.

1956

9.

Auf jener Straße, wo sein Heer
Der Fürst Donskoi zur Schlacht einst führte,
Wo heut der Wind den Feind noch spürte,
Wo gelb, gehörnt der Mond brillierte –
Ging ich, wie unter einem Meer...
Es duftete die Heckenrose,
Daß sie zum Wort ward unbesehn
Und ich bereit war, zu bestehn
Nun meines Schicksals neunte Woge.

1956

10.

Ты выдумал меня. Такой на свете нет,
Такой на свете быть не может.
Ни врач не исцелит, не утолит поэт, –
Тень призрака тебя и день и ночь тревожит.
Мы встретились с тобой в невероятный год,
Когда уже иссякли мира силы,
Все было в трауре, все никло от невзгод,
И были свежи лишь могилы.
Без фонарей как смоль был черен невский вал,
Глухонемая ночь вокруг стеной стояла…
Так вот когда тебя мой голос вызывал!
Что делала – сама еще не понимала.
И ты пришел ко мне, как бы звездой ведом,
По осени трагической ступая,
В тот навсегда опустошенный дом,
Откуда унеслась стихов казненных стая.

18 августа 1956
Старки

10.

Du hast mich ausgedacht. Denn *die* Frau kann nicht sein,
Die kann es auf der Welt nicht geben,
Kein Arzt, kein Dichter kann sie heilen noch befrein,
Nur ein Phantom, sein Schatten, zehrt an deinem Leben.
Wir sind begegnet uns – unsagbar war das Jahr,
Als schon die Welt der Ohnmacht sich ergeben,
Als alles trauerte, die Not bedrückend war,
Und frisch nur warn die ungezählten Gräber.
Die Newawellen pechschwarz, ohne Lichter,
Stockdunkle Nacht ringsum, wie eine Wand...
Da rief ich dich, da lockte meine Stimme!
Warum ich's tat, ich selber nie verstand.
Und du kamst zu mir, wie von einem Stern geführt,
Kamst durch den Herbst, den tragischen, geschritten,
In das für immer nun verheerte Haus,
Aus dem ein Schwarm verbrannter Verse fortgestoben.

18. August 1956
Starki

11. В разбитом зеркале

Непоправимые слова
Я слушала в тот вечер звездный,
И закружилась голова,
Как над пылающею бездной.
И гибель выла у дверей,
И ухал черный сад, как филин,
И город, смертно обессилен,
Был Трои в этот час древней.
Тот час был нестерпимо ярок
И, кажется, звенел до слез.
Ты отдал мне не тот подарок,
Который издалека вез.
Казался он пустой забавой
В тот вечер огненный тебе.
И стал он медленной отравой
В моей загадочной судьбе.
И он всех бед моих предтеча, –
Не будем вспоминать о нем!..
Несостоявшаяся встреча
Еще рыдает за углом.

1956

11. Im zerbrochenen Spiegel

Nicht wieder gutzumachen war,
Was ich an jenem Abend hörte,
Ein Abgrund, lodernd, klaffte da,
Mir schwindelte, und Unheil röhrte
An meiner Tür. Der Garten, schwarz,
Mit dumpfen Eulenrufen klagte;
Die Stadt, zu Tod geschwächt, verzagte,
Wurd älter noch als Troja war.
Die Klarheit war nicht auszuhalten,
Wie Klirren, das zu Tränen rührt.
Du übergabst mir dann das falsche
Geschenk, von weither mitgeführt.
Dir schien's, was seinen Zweck betrifft,
Ein Spielzeug nur, zum Zeitvertreiben,
Mir sollte es ein schleichend Gift,
Mein vages Los bestimmend, bleiben.
Und Wegbereiter meiner Nöte –
Genug, zu viel ist jedes Wort!
Die nicht gewesene Begegnung
Hockt schluchzend noch im Winkel dort.

1956

12.

Ты опять со мной, подруга осень!
Ин. Анненский

Пусть кто-то еще отдыхает на юге
И нежится в райском саду.
Здесь северно очень – и осень в подруги
Я выбрала в этом году.

Живу, как в чужом, мне приснившемся доме,
Где, может быть, я умерла,
И, кажется, тайно глядится Суоми
В пустые свои зеркала.

Иду между черных приземистых елок,
Там вереск на ветер похож,
И светится месяца тусклый осколок,
Как финский зазубренный нож.

Сюда принесла я блаженную память
Последней невстречи с тобой –
Холодное, чистое, легкое пламя
Победы моей над судьбой.

1956
Комарово

12.

Du bist wieder bei mir, Freund Herbst!
I. Annenski

Wer will, mag sich jetzt noch erholen im Süden,
In Eden, wo Sonne ihn bräunt.
Hier ist es sehr nördlich – und ich bin's zufrieden,
Dies Jahr nehm den Herbst ich zum Freund.

Das Haus, drin ich wohn, ist wie fremd, wie im Traume,
Wo einst ich wohl starb seiner Zeit,
Wo in seine Spiegel, die leeren, mag schauen
Ganz heimlich Suomi, verschneit.

Ich geh zwischen stämmigen nachtschwarzen Fichten,
Das Heidekraut hier gleicht dem Wind,
Der Mond leuchtet matt – eine farblose Sichel,
Ein schartiges Finnmesser, blind.

Das letzte Dir-nicht-zu-begegnen, ich halt
Erinnernd es fest hier beglückt –
Die Flamme des Sieges, so rein, leicht und kalt:
Mein Schicksal, ich hab es besiegt.

1956
Komarowo

13.

Вижу я, лебедь тешится моя.
Пушкин

Ты напрасно мне под ноги мечешь
И величье, и славу, и власть.
Знаешь сам, что не этим излечишь
Песнопения светлую страсть.

Разве этим развеешь обиду?
Или золотом лечат тоску?
Может быть, я и сдамся для виду.
Не притронусь я дулом к виску.

Смерть стоит всё равно у порога,
Ты гони ее или зови.
А за нею темнеет дорога,
По которой ползла я в крови,

А за нею десятилетья
Скуки, страха и той пустоты,
О которой могла бы пропеть я,
Да боюсь, что расплачешься ты.

Что ж, прощай. Я живу не в пустыне.
Ночь со мной и всегдашняя Русь.
Так спаси же меня от гордыни,
В остальном я сама разберусь.

9 апреля 1958
Москва

13.

Ich sehe, mein Schwan freut sich.
Puschkin

Schleuderst mir vor die Füße vergebens
All die Größe, die Macht, die Berühmtheit.
Weißt ja selber, das heilt mich zeitlebens
Nicht von Liedern, von Sangesgestimmtheit.

Macht man damit die Kränkung zunichte?
Wiegt mit Gold man die Sehnsüchte auf?
Könnte sein, daß zum Schein ich verzichte.
Nie setz ich an die Schläfe den Lauf.

Trotzdem lauert der Tod an der Ecke,
Kannst dich sperren, ihn rufen – egal.
Und dahinter liegt dunkel die Strecke,
Wo im Blut ich gekrochen einmal.

Und dahinter, da liegen Jahrzehnte
Voller Angst, Langeweile, so leer –
Ich könnt singen, wonach ich mich sehnte,
Doch ich fürchte, du flenntest zu sehr.

So leb wohl, ich geh nicht in die Wüste.
Ew'ges Rußland und Nacht, sie sind mein.
Hilf mir gegen die Hochmutsgelüste,
Alles andere schaff ich allein.

9. April 1958
Moskau

14.

Против воли я твой, царица, берег покинул.
«Энеида», песнь 6
Ромео не было, Эней, конечно, был.
А. Ахматова

Не пугайся, – я еще похожей
Нас теперь изобразить могу.
Призрак ты – иль человек прохожий,
Тень твою зачем-то берегу.

Был недолго ты моим Энеем,–
Я тогда отделалась костром.
Друг о друге мы молчать умеем.
И забыл ты мой проклятый дом.

Ты забыл те, в ужасе и в муке,
Сквозь огонь протянутые руки
И надежды окаянной весть.

Ты не знаешь, что̀ тебе простили…
Создан Рим, плывут стада флотилий.
И победу славословит лесть.

2 августа 1962
Комарово

14.

Gegen meinen Willen, Königin, habe ich dein Land verlassen.
Vergil, Aeneis, 6. Buch
Romeo war nicht; Äneas war natürlich.
Anna Achmatowa

Fürchte nichts – ich kann uns miteinander
Noch viel ähnlicher jetzt porträtiern.
Ein Phantom bist du – oder ein Wandrer,
Nur den Schatten noch bewahr ich mir.

Lang nicht warst, Äneas, du mein eigen,
Mit dem Feuer brannt' ich dich mir aus.
Das verstehn wir: voneinander schweigen.
Du vergaßt dann mein verfluchtes Haus.

Du vergaßt die Hände, die erschreckten,
Die durchs Feuer flehend ausgestreckten,
Und verdammter Hoffnung letzten Schrei.

Und du weißt nicht, was man dir verziehen...
Schon ist Rom erbaut, die Schiffe fliegen,
Und dem Sieg streut Weihrauch Schmeichelei.

2. August 1962
Komarowo

15. Через много лет

Последнее слово
Men che dramma
Di sangue m'è rimaso, che non tremi!
Purg. XXX

Ты стихи мои требуешь прямо…
Как-нибудь проживешь и без них.
Пусть в крови не осталось ни грамма,
Не впитавшего горечи их.

Мы сжигаем несбыточной жизни
Золотые и пышные дни,
И о встрече в небесной отчизне
Нам ночные не шепчут огни.

Но от наших великолепий
Холодочка струится волна,
Словно мы на таинственном склепе
Чьи-то, вздрогнув, прочли имена.

Не придумать разлуки бездонней,
Лучше б сразу тогда – наповал…
И, ты знаешь, что нас разлученней
В этом мире никто не бывал.

1962
Москва

15. Viele Jahre danach

Das letzte Wort
Men che dramma
Di sangue m'è rimaso, che non tremi!
Purg. XXX

Meine Verse verlangst du beständig...
Dabei kannst du auch ohne sie sein.
Ist im Blut auch kein einziges Quentchen,
Das nicht sog ihre Bitternis ein.

Wir verbrennen die goldenen Tage
Eines Lebens, das Sehnsucht nie stillt,
Und die nächtlichen Lichter nichts sagen
Von Begegnung im Himmelsgefild.

Unsre herrliche Zeit mußte enden
Als ein Frösteln den Rücken entlang,
So als läsen an gruftkühlen Wänden
Jemands Namen wir, schaudernd und bang.

Bodenlosere Kluft kann's nicht geben,
Darum lieber den Schnitt, scharf und klar...
Und getrennter, weißt du, als wir leben,
War auf Erden kein einziges Paar.

1962
Moskau

16.

И это станет для людей
Как времена Веспасиана,
А было это – только рана
И муки облачко над ней.

18 декабря 1964. Ночь
Рим

Из цикла «Тайны ремесла»

Творчество

Бывает так: какая-то истома;
В ушах не умолкает бой часов;
Вдали раскат стихающего грома.
Неузнанных и пленных голосов
Мне чудятся и жалобы и стоны,
Сужается какой-то тайный круг,
Но в этой бездне шепотов и звонов
Встает один, всё победивший звук.
Так вкруг него непоправимо тихо,
Что слышно, как в лесу растет трава,
Как по земле идет с котомкой лихо…
Но вот уже послышались слова
И легких рифм сигнальные звоночки, –
Тогда я начинаю понимать,
И просто продиктованные строчки
Ложатся в белоснежную тетрадь.

5 ноября 1936

16.

Und dies wird von der Welt befunden
Einst als die Zeit Vespasians,
Doch war es nichts als – eine Wunde,
Und über ihr ein Wölkchen Qual.

18. Dezember 1964. Nachts.
Rom

Aus dem Zyklus „Berufsgeheimnisse“

Das Gedicht

So kann es sein: Ermattung, leichtes Zittern;
Der Schlag der Uhr verstummt nicht mehr im Ohr;
Von fernher grollt verebbend ein Gewitter.
Und unerkannten Mündern, kommt mir vor,
Entringen Stimmen sich, sie klagen, stöhnen.
Ein Kreis, geheim, verengt sich zur Gestalt,
Doch aus dem Schlunde von Gewisper, Tönen
Ersteht ein Klang, der alles überschallt.
Die Stille um ihn ist von solcher Tiefe,
Daß man das Gras hört, wie's im Walde keimt,
Das Böse mit dem Quersack, als ob's riefe...
Doch da hör Worte ich, im Flug gereimt,
Gleich Glockentönchen, ersten Boten, eilen
Sie mir voraus – und ich begreif, versteh,
Und wie von selbst die ausgeformten Zeilen
Falln fertig auf der Seite weißen Schnee.

5. November 1936

Мне ни к чему одические рати
И прелесть элегических затей.
По мне, в стихах всё быть должно некстати,
Не так, как у людей.

Когда б вы знали, из какого сора
Растут стихи, не ведая стыда,
Как желтый одуванчик у забора,
Как лопухи и лебеда.

Сердитый окрик, дегтя запах свежий,
Таинственная плесень на стене…
И стих уже звучит, задорен, нежен,
На радость вам и мне.

21 января 1940

Муза

Как и жить мне с этой обузой,
А еще называют Музой,
Говорят: «Ты с ней на лугу…»
Говорят: «Божественный лепет…»
Жестче, чем лихорадка, оттреплет,
И опять весь год ни гу-гу.

Ich halte nichts von Odenschlachten, -kriegen,
Mich reizen nicht elegische Ideen.
Ich will nicht passend dichten, nicht genügen,
Nicht wie's die Leute sehen.

Ach, wüßtet ihr, aus welchen Unratecken
Unschuldig wachsen Vers und Reim,
Wie gelber Löwenzahn vor wilden Hecken,
Wie Melde wächst am Rain.

Ob frischer Teergeruch, ein Zuruf, bärtig,
Ob rätselhafter Schimmel an der Tür...
Schon klingt mein Vers, wird feurig, zärtlich,
Zur Freude euch und mir.

21. Januar 1940

Die Muse

Wie halt ich's aus nur mit dieser Last,
Nennt sich noch Muse, und eben das
Nimmt niemand ernst: „Na, im Feld, beim Mohn..."
Oder es heißt: „Ist ihr Lispeln nicht himmlisch?"
Schüttelt wie glühendes Fieber so schlimm mich,
Darauf ein Jahr lang von ihr kein Ton.

Поэт

Подумаешь, тоже работа –
Беспечное это житье:
Подслушать у музыки что-то
И выдать шутя за свое.

И, чье-то веселое скерцо
В какие-то строки вложив,
Поклясться, что бедное сердце
Так стонет средь блещущих нив.

А после подслушать у леса,
У сосен, молчальниц на вид,
Пока дымовая завеса
Тумана повсюду стоит.

Налево беру и направо,
И даже, без чувства вины,
Немного у жизни лукавой,
И всё – у ночной тишины.

Лето 1959
Комарово

Der Dichter

Als ob so etwas Arbeit wär –
Von Sorgen, Kummer frei zu leben,
Was aus Musik herauszuhörn
Und flink als seines auszugeben.

Dem heitren Scherzo gebe man
Im Vers poetische Konturen,
Und sage: Grad so hört sich's an,
Das leidend Herz in blüh'nden Fluren.

Dem Kiefernwalde lauschen, der
Vielstämmig steht in seinem Schweigen,
Solange Nebel ringsumher,
Ihn schirmend, zu den Kronen steigen.

Ich greif nach rechts und greif nach links
Und nehm, ganz ohne Schuldgefühle,
Sogar vom Leben, wenn's gelingt,
Und alles – von der nächt'gen Stille.

Sommer 1959
Komarowo

Читатель

Не должен быть очень несчастным
И, главное, скрытным. О нет!
Чтоб быть современнику ясным,
Весь настежь распахнут поэт.

И рампа торчит под ногами,
Всё мертвенно, пусто, светло,
Лайм-лайта холодное пламя
Его заклеймило чело.

А каждый читатель как тайна,
Как в землю закопанный клад,
Пусть самый последний, случайный,
Всю жизнь промолчавший подряд.

Там всё, что природа запрячет,
Когда ей угодно, от нас.
Там кто-то беспомощно плачет
В какой-то назначенный час.

И сколько там сумрака ночи,
И тени, и сколько прохлад,
Там те незнакомые очи
До света со мной говорят,

За что-то меня упрекают
И в чем-то согласны со мной…
Так исповедь льется немая,
Беседы блаженнейший зной.

Наш век на земле быстротечен
И тесен назначенный круг,

Der Leser

Nicht unglücklich sei und mitnichten
Verschlossen der Dichter. O nein!
Um jedem verständlich zu dichten,
Weit offenes Tor muß er sein.

Und Einsamkeit auf der Estrade,
Gespenstisch im Lichte am Rand...
Der Stirn hat die kaltweiße Flamme
Der Rampe ihr Mal eingebrannt.

Doch jeglicher Leser – ein Rätsel,
Ein Schatz, als Geheimnis vermacht,
Ein Zufall am End – der erstbeste,
Der's Leben nur schweigend verbracht.

Da ist, was Natur wird kaschieren
Vor uns, so's ihr günstig erscheint.
Da kann es zu Zeiten passieren,
Daß hilflos ein Mensch vor uns weint.

Ob dunkelste Nacht oder Dämmer,
Ob Finsternis, Kälte uns plagt,
Da sind jene Augen, mir fremde,
Sie reden mit mir, bis es tagt,

Sie tadeln mich und kritisieren,
Und manchmal stimmen sie zu,
Und stumm ergießt sich die Beichte
Beglückenden heißen Disputs.

Eng ist der Kreis uns bemessen,
Leben auf Erden fließt schnell,

А он неизменен и вечен –
Поэта неведомый друг.

Лето 1959
Комарово

Эпиграмма

Могла ли Биче, словно Дант, творить,
Или Лаура жар любви восславить?
Я научила женщин говорить…
Но, боже, как их замолчать заставить!

1958

Осипу Мандельштаму

О, как пряно дыханье гвоздики,
Мне когда-то приснившейся там –
Там, где кружатся Эвридики,
Бык Европу везет по волнам;
Там, где наши проносятся тени,
Над Невой, над Невой, над Невой;
Там, где плещет Нева о ступени, –
Это пропуск в бессмертие твой.

1957

Ewig nur er und verläßlich,
Namenlos: Dichters Gesell.

Sommer 1959
Komarowo

Epigramm

Konnt' Beatrice dichten wohl gleich Dante
Und Laura schon die Glut der Liebe preisen?
Ich lehrt' die Frauen reden... und erkannte:
Mein Gott, wie aber bringt man sie zum Schweigen!

1958

Für Ossip Mandelstam

Oh, wie atmet sie würzig, die Nelke,
Von der einst ich dort lebhaft geträumt –
Wo sich drehen die Eurydiken,
Wo der Stier mit Europa sich bäumt
Auf den Wellen; und wo unser Schemen
Überm Flusse, der Newa, hin streicht;
Wo der Fluß spült ans Ufer – das käme
Deinem Paß zur Unsterblichkeit gleich.

1957

Не стращай меня грозной судьбой
И великою северной скукой.
Нынче праздник наш первый с тобой ,
И зовут этот праздник – разлукой.
Ничего, что не встретим зарю,
Что луна не блуждала над нами,
Я сегодня тебе одарю
Небывалыми в мире дарами:
Отраженьем моим на воде
В час, как речке вечерней не спится,
Взглядом тем, что падучей звезде
Не помог в небеса возвратиться,
Эхом голоса, что изнемог,
А тогда был и свежий и летний, –
Чтоб ты слышать без трепета мог
Воронья подмосковного сплетни,
Чтобы сырость октябрьского дня
Стала слаще, чем майская нега…
Вспоминай же, мой ангел, меня,
Вспоминай хоть до первого снега.

15 октября 1959
Ярославское шоссе

Droh mir nicht mit der Macht des Geschicks
Und erspar mir die Schwermut des Nordens.
Wir begehn unser einziges Fest,
Und das Fest ist – der Abschied geworden.
Einerlei, daß der Mond uns nicht schien,
Daß das Morgenrot wir nun versäumen,
Ich beschenke dich heute dafür
Mit den seltensten, kostbarsten Träumen:
Meinem Bild auf dem Wasser, verspielt,
Wenn am Abend der Bach ruhlos flimmert,
Meinem Blick, der dem Stern, als er fiel,
Nicht zurück half zur Höhe des Himmels,
Und dem Hall meiner Stimme, nun matt,
Dabei war sie so frisch, voller Leben –
Sei gefaßt, wenn die Krähen der Stadt
Ihren Moskauer Klatsch von sich geben.
Und die Feuchte des herbstlichen Tags
Sei wie Maiwonne dir – und nach allem:
Denk, mein Engel, an mich. Wenn du magst,
Denk an mich, bis die Schneeflocken fallen.

15. Oktober 1959
Jaroslawler Chaussee

Три стихотворения

1

Пора забыть верблюжий этот гам
И белый дом на улице Жуковской.
Пора, пора к березам и грибам,
К широкой осени московской.
Там всё теперь сияет, всё в росе,
И небо забирается высоко,
И помнит Рогачевское шоссе
Разбойный посвист молодого Блока…

1944-1950

2

И, в памяти черной пошарив, найдешь
До самого локтя перчатки,
И ночь Петербурга. И в сумраке лож
Тот запах и душный, и сладкий.

И ветер с залива. А там, между строк,
Минуя и ахи и охи,
Тебе улыбнется презрительно Блок –
Трагический тенор эпохи.

1960

Drei Gedichte

1

Zeit, zu vergessen das Kamelgeschrei,
Das weiße Haus in der Shukowski-Straße.
Zeit jetzt für Birken, Pilze, endlich Zeit,
Auf Moskaus weiten Herbst sich einzulassen.
Dort glänzt jetzt alles, alles voller Tau,
Der Himmel hat sich hoch hinauf geschwungen,
Und die Chaussee nach Rogatschow genau
Kennt noch den Räuberpfiff von Blok, dem jungen.

1944-1950

2

Und wenn in der schwarzen Erinn'rung du kramst:
Handschuhe – bis zum Ellenbogen,
Der Abend in Petersburg. Und der Geruch
So schwül und so süß in den Logen.

Der Wind von der Bucht. Zwischen Versen steht Blok,
Von Ah und von Oh unterbrochen.
Er, taub dafür, lächelt verächtlich dir zu,
Tragischer Tenor der Epoche.

1960

3

Он прав – опять фонарь, аптека,
Нева, безмолвие, гранит…
Как памятник началу века,
Там этот человек стоит –
Когда он Пушкинскому Дому,
Прощаясь, помахал рукой
И принял смертную истому
Как незаслуженный покой.

7 июня 1946

3

Er hatte Recht: Laterne, Apotheke,
Die Newa, Schweigen, der Granit...
Wie des Jahrhundertanfangs Denkmal
Steht dort der Mann, der Mensch – man sieht,
Wie er dem Puschkin-Hause winkte,
Mit müder Abschiedsgeste grüßt,
Die Todesmattigkeit, sie dünkte
Ihn Ruhe, unverdient und süß.

7. Juni 1946

Из «Черных песен»

Слова, чтоб тебя оскорбить…
И. Анненский

1

Прав, что не взял меня с собой
И не назвал своей подругой,
Я стала песней и судьбой,
Сквозной бессонницей и вьюгой.

Меня бы не узнали вы
На пригородном полустанке
В той молодящейся, увы,
И деловитой парижанке.

2

Всем обещаньям вопреки
И перстень сняв с моей руки,
Забыл меня на дне…
Ничем не мог ты мне помочь.
Зачем же снова в эту ночь
Свой дух прислал ко мне?
Он строен был, и юн, и рыж,
Он женщиною был,
Шептал про Рим, манил в Париж,
Как плакальщица выл…
Он больше без меня не мог:
Пускай позор, пускай острог…

Я без него могла.

1961, Комарово

Aus den „Schwarzen Liedern“

Worte, um dich zu verletzen...
I, Annenski

1

Recht tatst du, wenn du damals nicht
Mich mitnahmst, nicht mochtst Freundin nennen.
Ich wurde Schicksal und Gedicht,
Durchwachte Nacht und Schneesturmbrennen.

Sie hätten, Herr, mich nicht erkannt
Im Vorort neulich an den Gleisen
In der Pariserin – genant! –,
Die flott und jugendlich wollt scheinen.

2

Brachst deine Schwüre allesamt,
Nahmst mir den Ring noch von der Hand,
Ließt elend mich zurück...
Warst mir zu helfen nicht gemacht.
Warum versprach in jener Nacht
Dein Geist dann neues Glück?
War jung und blond, war mädchensüß
Mit seinem schlanken Leib,
Lallt mir von Rom, lockt mit Paris,
Heult wie ein Klageweib...
Er könne ohne mich nicht sein:
Man schmähe ihn, man sperr ihn ein...

Ich konnte ohne ihn.

1961, Komarowo

Петербург в 1913 году

За заставой воет шарманка,
Водят мишку, пляшет цыганка
На заплеванной мостовой.
Паровик идет до Скорбящей,
И гудочек его щемящий
Откликается над Невой.
В черном ветре злоба и воля.
Тут уже до Горячего Поля,
Вероятно, рукой подать.
Тут мой голос смолкает вещий,
Тут еще чудеса похлеще,
Но уйдем – мне некогда ждать.

1961

Petersburg im Jahr 1913

Vor der Stadt eine Drehorgel leiert,
Läuft ein Bär am Strick, tanzt die Zigeun'rin,
Ist das Pflaster mit Schalen bespien,
Dampft die Bahn Maria Trost zu um sieben,
Ihr beklemmendes Tuten hallt drüben
An der Newa, wo Graugänse ziehn.
Schwarzer Wind riecht nach Zorn und nach Freiheit,
Und Gorjatscheje Polje wahrscheinlich
Ist ein Katzensprung nur seitab.
Hier verstummt mein prophetisches Raunen,
Hier gibt's Wunder, die sind noch zum Staunen,
Aber gehn wir – ich wart sie nicht ab.

1961

Родная земля

И в мире нет людей бесслезней,
Надменнее и проще нас.
1922

В заветных ладанках не носим на груди,
О ней стихи навзрыд не сочиняем,
Наш горький сон она не бередит,
Не кажется обетованным раем.
Не делаем ее в душе своей
Предметом купли и продажи,
Хворая, бедствуя, немотствуя на ней,
О ней не вспоминаем даже.
    Да, для нас это грязь на калошах,
    Да, для нас это хруст на зубах.
    И мы мелем, и месим, и крошим
    Тот ни в чем не замешанный прах.
Но ложимся в нее и становимся ею,
Оттого и зовем так свободно – своею.

1 декабря 1961
Ленинград. Больница в Гавани

Heimaterde

Und niemand auf der Welt ist tränenloser
Und schlicht und hochmütig wie wir.
1922

Wir tragen auf der Brust nicht unsre Erd
Besingen auch nicht schluchzend sie in Versen,
Den bittren Schlaf hat sie uns nicht gestört,
Nicht das Gelobte Land ist unsre Erde.
Doch niemals soll in unsrer Seele sie
Zum Schacher, zum Verkaufe stehen;
Sind elend wir und krank, verliern wir nie
Ein Wort auch nur, um sie zu schmähen.
    Ja, für uns ist sie Dreck an den Sohlen,
    Ja, für uns – in den Zähnen der Sand.
    Wir zerreiben, wir stampfen, wir treten
    Diesen Staub, der für nichts etwas kann.
Doch wir betten in sie uns, um zu ihr zu werden,
Und das macht sie eben zu *unserer* Erde.

1. Dezember 1961
Leningrad. Krankenhaus in Gawan

В зазеркалье

O quae beatam, Diva, tenes
Cyprum et Memphin…
Horaz

Красотка очень молода,
Но не из нашего столетья,
Вдвоем нам не бывать – та, третья,
Нас не оставит никогда.
Ты подвигаешь кресло ей,
Я щедро с ней делюсь цветами…
Что делаем – не знаем сами,
Но с каждым мигом нам страшней.
Как вышедшие из тюрьмы,
Мы что-то знаем друг о друге
Ужасное. Мы в адском круге,
А может, это и не мы.

5 июля 1963
Комарово

Im hintern Spiegel

O quae beatam, Diva, tenes
Cyprum et Memphin...
Horaz

Die Hübsche muß sehr jung noch sein,
Doch nicht aus unserem Jahrhundert.
Zu zweit sein geht nicht, sie, wen wundert's,
Die dritte, läßt uns nie allein.
Du rückst den Sessel ihr heran,
Ich stell ihr Blumen hin im Zimmer...
Doch fühln wir beide uns nur schlimmer,
Was tun wir nur – es fühlt sich an,
Wie aus der Haft befreit zu sein,
Wir wissen voneinander beide
Entsetzliches. Im Teufelskreise
Gehn wir. Doch sind wir auch gemeint?

5. Juli 1963
Komarowo

Памяти В. С. Срезневской

Почти не может быть, ведь ты была всегда:
В тени блаженных лип, в блокаде и в больнице,
В тюремной камере и там, где злые птицы,
И травы пышные, и страшная вода.
О, как менялось всё, но ты была всегда,
И мнится, что души отъяли половину,
Ту, что была тобой, – в ней знала я причину
Чего-то главного. И всё забыла вдруг…
Но звонкий голос твой зовет меня оттуда
И просит не грустить и смерти ждать, как чуда.
Ну что ж! попробую.

9 сентября 1964
Комарово

Zum Gedenken an W. S. Sresnewskaja

Es kann beinah nicht sein, du warst doch immer da:
Im Schatten grüner Linden, Klinik und Blockade,
Bei bösen Vögeln, in Gefängnisquadern,
Ob Wasser uns geschreckt, ob üpp'ges Gras gelabt.
War alles auch im Wandel, du warst immer da.
Mir ist, als wär genommen mir die halbe Seele,
Die du warst – in ihr, wußte ich, lag auch die Quelle
Von mir sehr Wichtigem. Was plötzlich ich vergaß...
Doch deine helle Stimme ruft zu mir herunter:
‚Ich bitt dich, traure nicht, erwart den Tod als Wunder!'
Nun gut, ich will's probieren.

9. September 1964
Komarowo

Anna Achmatowa – ein kurzes Lebensbild

Ihre Gestalt, ihre Haltung wurden schon in der Jugend von ihrer Dichtung geformt: Erhabenheit zeichnete sie aus, würdevoller, majestätischer Gang, unerschütterliche Selbstachtung, hohes schriftstellerisches Sendungsbewußtsein.

1889 als Tochter eines Marineoffiziers in Odessa geboren, verbrachte sie Kindheit und frühe Jugend in Zarskoje Selo bei Petersburg. Ihr erstes Gedicht schrieb sie schon mit elf Jahren. Als sie sechzehn war, trennten sich ihre Eltern, und die Mutter zog mit den Kindern nach dem Süden, nach Jewpatorija auf der Krim. Nach Beendigung des Gymnasiums besuchte sie die Juristische Abteilung höherer Mädchenkurse in Kiew, interessierte sich aber nicht für das Recht, sondern nur für Latein und Geschichte des Rechts.

1910 heiratete sie den Dichter Nikolai Gumiljow. Mit ihm, Mandelstam und anderen schloß sie sich den Akmeisten an, die sich gegen den Symbolismus mit seiner Sehnsucht nach dem Unbekannten auflehnten und einen klaren Blick auf das Leben forderten.

Das Frühjahr 1911 verbringt sie in Paris; 1912 reist sie durch Norditalien und ist tief beeindruckt von der italienischen Malerei und Architektur. Am 1. Oktober 1912 wird ihr einziger Sohn Lew geboren.

In ihrer ersten Schaffensperiode, von 1912 bis 1922, ist sie mit fünf Gedichtbänden erfolgreich, hat eine große Leserschar. Sie wird gezeichnet und gemalt (u. a. von Modigliani), Gedichte werden ihr gewidmet (u. a. von Alexander Blok, Ossip Mandelstam, Marina Zwetajewa). Gedichte von ihr werden vertont. Ein Kritiker nennt sie „den besten russischen Dichter nach Alexander Bloks Tod“.

In der Sowjet-Ära ist sie jedoch ständiger Verdächtigung und Verfolgung ausgesetzt, von der sie erst nach Stalins Tod befreit wird.

Von 1923 bis 1955 dauert die tragische Phase, die sie ihr „Schicksal“ nannte.

1925 gab es einen Parteibeschluß, der sie bis 1939 kaltstellte. Sie schreibe unzeitgemäß, sei zu spät geboren oder verstehe nicht rechtzeitig zu sterben, erklärt ein Vertreter des Regimes. Im September 1921 war der Vater ihres Sohnes, Nikolai Gumiljow (von dem sie sich schon getrennt hatte), von der Petrograder Tscheka hingerichtet worden. Ihre anfängliche Angst weicht dem Bewußtsein, im Recht zu sein, was sie u. a. im Gedicht „Petrograd, 1919“, ursprünglich „Für die Mitbürger“ genannt, ausdrückt. 1927 wird sie geheimdienstlich überwacht und der Verbindung zu „trotzkistischen Elementen“ verdächtigt. Aber erst 1935 schlägt das Regime zu: Ihr dritter Mann, Nikolai Punin, und ihr Sohn Lew Gumiljow werden gleichzeitig verhaftet. Es gelingt ihr, Stalin mit einem Brief zu beider Freilassung zu bewegen. Sie hat den Mut, den ebenfalls verfolgten Ossip Mandelstam, der zu ihrem Freundeskreis gehört, an seinem Verbannungsort Woronesch zu besuchen (vgl. das Gedicht „Woronesch“ im Buch.) Womöglich als Rache dafür wird ihr Sohn am 10. März 1938 abermals verhaftet. Anna Achmatowa steht monatelang in den Warteschlangen vor dem Gefängnis, um Nahrung und Kleidung für ihn abzugeben. Hier erlebt sie mit vielen anderen Frauen das, was sie später in ihrem „Requiem“ darstellt. 1939 wird Lew zu fünf Jahren Lagerhaft verurteilt, woran die Mutter sich nicht schuldig fühlt (vgl. das Gedicht „Das Urteil“ aus dem „Requiem“).

Im Krieg aus dem belagerten Leningrad ausgeflogen, lebt sie bis 1944 in Taschkent.

Jedoch begeht sie im Herbst 1945 den unverzeihlichen Fehler, einen Angehörigen der britischen Botschaft in Moskau bei sich zu empfangen. Sofort wird sie der Spionage verdächtigt. Um sie besonders zu treffen, läßt Stalin ihren Sohn verhaften und zu zehn Jahren Lager verurteilen. Im Bewußtsein ihrer Schuld und an sich selbst verzweifelnd, verbrennt sie ihr Leningrader Archiv und vieles andere. Ihre Angst wird sie bis zum Ende ihres Lebens nicht mehr los.

Auch Kompromisse mit dem totalitären Regime (Lobgedichte auf Stalin, Gedichte im Sinne der sowjetischen Propaganda) helfen ihr nicht, den Sohn freizubekommen.

Erst in ihrem letzten Lebensjahrzehnt, von 1956 bis 1966, findet sie wieder Anerkennung (allerdings kommt es mit dem nach Stalins Tod freigelassenen Sohn zum ernsten Zerwürfnis). Sie genießt wieder unangefochtene Autorität im literarischen und gesellschaftlichen Leben, kann viele Sammelbände herausbringen. Das „Requiem“ erscheint 1963 in München; auch ihre große Geschichtsdichtung, das „Poem ohne Held“ wird im Ausland gedruckt. Sie reist noch einmal nach Italien, nach Paris und nach England. Die Oxford University verleiht ihr die Ehrendoktorwürde für Literatur. Sie wird für den Nobelpreis vorgeschlagen.

Anna Achmatowa verhielt sich bescheiden zu den Mitmenschen. Ein auffallender Charakterzug war, daß ihr jeder Sinn für Besitz abging. Ihre Wohnungen waren spärlich eingerichtet; sie trennte sich leicht von Dingen. Bequemlichkeit, Behaglichkeit waren ihr fremd. Im

Leben wie in der Dichtung war sie eine Heimatlose. Sie verschenkte Dinge, die sie selbst gebraucht hätte – so gab sie im Hungerjahr 1920 eine Dose mit Nährpulver, die ein Freund ihr mitbrachte, einem Kollegen für seine Tochter mit. Von einem bescheidenen Honorar, das sie nach längerer Zeit der Mittellosigkeit erhielt, kaufte sie einer bedürftigen Schriftstellerin eine Schreibmaschine.

Ihre Dichtung lebt vom Gefühl des Nichthabens, der Trennung, des Verlustes, der hoffnungslosen Liebe. So verwendet sie gegen Ende ihres Schaffens in ihrer Lyrik negative Wörter wie „newstretscha" (Nichtbegegnung). Klares, präzises Denken war ihr eigen. Sie strebte nach Einfachheit, vollendeter klassischer Form – Puschkin, über den sie nach zwanzigjährigen Studien viel veröffentlichte, war ihr Vorbild.

Erich Ahrndt
Leipzig, 3. März 2012

Anmerkungen

° Er dauert endlos – schwerer, bernsteingelber Tag! Anna Achmatowa schrieb dies Gedicht nach einem Besuch im Berliner Zoo.
... spricht wieder silberhell der Hirsch...: Anspielung auf Hans Christian Andersens „Schneekönigin".
° Ich bitt dich nicht um deine Liebe. *Slepnewo:* Anwesen im Kreis Beschezk im Gebiet Twer, das Anna Achmatowas Schwiegermutter, A. I. Gumiljewa, gehörte. Anna Achmatowa verbrachte dort von 1911 bis 1917 jeden Sommer, schrieb etwa hundert Gedichte dort.
° Angst, im Dunkel über Dinge flimmernd. Am 1. September 1921 erschien in der „Petrogradskaja Prawda" die Mitteilung über die Erschießung Nikolai Gumiljows.
° Boris Pasternak (Der Dichter). Anna Achmatowa kannte Boris Pasternak seit 1922, sie schätzte seine Lyrik sehr. Das ganze Gedicht ist auf Motiven seiner Lyrik aufgebaut.
° Die einen spiegeln sich in Schmeichelblicken. *Caprice:* Die Große Caprice hieß ein Tor mit einem Pavillon darüber, durch das ein Weg aus Zarskoje Selo hinaus führte.
° Woronesch. Ossip Mandelstam gewidmet. Anna Achmatowa besuchte ihn im Februar 1936 in seinem Verbannungsort Woronesch. Sie hatte sich – neben Nadeshda Mandelstam und Boris Pasternak – nach Mandelstams Verhaftung im Mai 1934 für den Dichter eingesetzt.
° Schnepfenfeld (Ebene am Don östlich von Tula, nördlich von Woronesch): 1380 erster bedeutender Sieg der russischen Fürsten unter Großfürst Dmitri Donskoi über die Tataren.
° Beschwörung. Das Gedicht ist Nikolai Gumiljow (1886-1921) zugedacht, Anna Achmatowas erstem Mann, mit dem sie von 1910 bis 1918 verheiratet war. Er wurde 1921 als „Konterrevolutionär" erschossen. Am 15. April 1936 wäre sein fünfzigster Geburtstag gewesen.
° Dante. *Il mio bel San Giovanni:* (ital.) Mein schöner Heiliger Johannes. *Als er ging...* Dante Alighieri (1265-1321), Dichter der „Göttlichen Komödie", bekleidete in seiner Geburtsstadt Florenz verschiedene Ämter, wurde jedoch 1302 wegen Verstrickung in eine erfolglose Opposition aus Florenz verbannt und kurz darauf zum Tode verurteilt. Er führte ab 1303 ein unsicheres Leben, u. a. in Verona, Lucca und Ravenna, wo er als angesehener Dichter starb.

° Requiem. *Jeschow-Terror:* Die Große Säuberung 1935-1938, geleitet von Nikolai Iwanowitsch Jeschow (1940 hingerichtet), der von Stalin als Chef des NKWD eingesetzt wurde. Inhaftiert und in Lager verbannt oder erschossen wurden vermeintliche Gegner Stalins, d. h. alle, die seiner Macht irgendwie gefährlich werden konnten oder dessen auch nur verdächtigt wurden. 1936-38 waren rund 5 % der sowjetischen Gesamtbevölkerung in Gefängnissen des NKWD. (Volkskommissariat für Innere Angelegenheiten, zuständig für politische Überwachung, Nachrichtendienst, politische Strafjustiz, Verwaltung der Straf- und Verbannungslager.)

Schwarze Marussjas: Gefängniswagen.

Strelitzenfrauen: Ende des 17. Jahrhunderts gab es mehrmals Aufstände der *Strelitzen* (Schützen), der bisherigen Streitmacht Peters I., die er zugunsten moderner Soldatenregimenter nach westeuropäischem Vorbild abschaffen wollte. Peter rechnete grausam mit den Aufrührern ab.

° Enträtseln wirst dies alles du allein. Gemeint ist Boris Pilnjak, der Anna Achmatowa heiraten wollte. *Ich klag um dich wie um den eignen:* 1938 waren Nikolai Punin, ihr Mann, und ihr Sohn, der Orientalist Lew Gumiljow, verhaftet worden.

° Unsern Jahrestag nochmals begeh. *Es jährte unser Winter sich ... diamantene Schneenachtpremiere:* Wahrscheinlich ist der Jahrestag des ersten Rendezvous mit Boris Pilnjak gemeint. Er wurde 1938 verhaftet und in einem Lager erschossen.

...von des Zarenhofs Ställen: ehemaliges Konjuschenny-Palais zwischen dem Flüßchen Moika und dem Marsfeld in Leningrad,

° Wird eine Epoche begraben. Am 22. Juni 1940 kapitulierte Frankreich vor Nazi-Deutschland. Die Selbstauflösung des Parlaments in Vichy am 10. Juli 1940 markierte das Ende der Dritten Republik.

° Für die Londoner. Im Sommer 1940 flog die deutsche Luftwaffe schwere Angriffe auf London.

° Leningrad im März 1941. *Cadran solaire:* am Gebäude des ehemaligen Ersten Kadettenkorps am Universitätsufer (Wassiljew-Insel), das an das eigentliche Menschikow-Palais anschließt.

° Auf dem Smolenka-Friedhof. *Friedhof* auf der Wassiljew-Insel von St. Petersburg, am Smolenka-Flüßchen

Donon: vornehmes Restaurant in Petersburg

Der Osten: Gemeint ist der Russisch-Japanische Krieg.

viktorianisch: nach der Regierungszeit der englischen Königin Viktoria (1837-1901), in der England seine Blütezeit als Industrie- und Kolonialmacht erlebte.

Djurmen: Vorort von Taschkent, in dem Anna Achmatowa einige Wochen in einem Sanatorium verbrachte.

° Drei Herbste. *Taschkent:* Im Oktober 1941 wurde Anna Achmatowa nach Taschkent evakuiert. Bis Mai 1943 lebte sie im Wohnheim der Moskauer Schriftsteller, danach zog sie zu Jelena Bulgakowa, der Witwe des Schriftstellers, in die Shukowski-Straße. Im Mai 1944 flog sie nach Moskau, kurz darauf weiter nach Leningrad.

° Musik. *Für D. D. Sch.:* Das Gedicht ist Dmitri Schostakowitsch gewidmet, dessen Musik Anna Achmatowa sehr schätzte.

° Deine Luchsaugen haben, Asien. *Termes:* Stadt in Kirgistan (damals zur Sowjetunion gehörig) an der Grenze zu Afghanistan.

° Cinque. *cinque:* (ital.) fünf, die Fünf. *Autant que toi sans doute il te sera fidèle / Et constant jusque à la mort :* So wie auch du wird er gewiß dir treu sein / Und bis zum Tod beständig. Baudelaire.

° Nördliche Elegien. *Gorochowaja:* Straße, die im alten Petersburg den Platz der Admiralität mit dem Zarskoje-Selo-Bahnhof verband; heute Dshershinski-Straße.

Snamenje: Platz am westlichen Ende des Newski-Prospekts; heute Platz des Aufstands.

Smolny: hier die Gegend des ehemaligen Smolny-Klosters.

Litejny: für Litejny-Prospekt, Verbindungsstraße zwischen Newski-Prospekt und Finnländischem Bahnhof.

...verhöhnt von Bauten der Moderne: Anfang des 20. Jahrhunderts wurde die an das Scheremetjew-Palais (= Fontanny dom) angrenzende Straßenseite des Litejny-Prospekts neu bebaut, wodurch der Ausblick auf die gegenüberliegende Straßenseite mit den einstigen Wohnungen Nikolai Nekrassows (Haus Nr. 36) und Michail Saltykow-Schtschedrins verdeckt wurde.

Staraja Russa: Sol- und Moorbad 270 km südlich von St. Petersburg, Schauplatz des Romans „Die Brüder Karamasow" von Fjodor Dostojewski.

Optina: Optina pustyn („Optas Einöde") in Koselsk, südlich von Kaluga; im 14. Jahrhundert vom Räuberhauptmann Opa gegründetes Kloster, in dem Dostojewski im Juni 1878, als sein jüngster Sohn Aljoscha an Epilepsie gestorben war, den Starzen Ambrosius besuchte. Dieser wurde der Prototyp des Sossima in den „Brüdern Karamasow".

...mit ... kostbar seltnem Namen: Anna Achmatowas Mutter hieß Inna Erasmowna Gorenko.
Omsker Sträfling: Fjodor Dostojewski.
Semjonowplatz: Auf dem Hof der Semjonow-Kaserne wurde zum Schein die Erschießung Dostojewskis und anderer Mitglieder des Zirkels um Michail Petraschewski vorgenommen; im sog. Petraschewzen-Prozeß 1849 zum Tode verurteilt, wurden sie nun begnadigt und zu Verbannungsstrafen verurteilt.
...die fünfzehn Jahre: 1923-1938, als Anna Achmatowa mit Nikolai Punin verheiratet war.
...eine (Stadt) nur: Petersburg – Petrograd – Leningrad
° Über das zweite Jahrzehnt. *Proserpina*: Demeters Tochter, die von Pluto geraubt wurde, als sie mit den Freundinnen im Frühling auf der Wiese tanzte.
° In jenem Hause war es schlimm zu leben. *In jenem Hause:* das Haus in Zarskoje Selo, in dem Anna Achmatowa mit ihrem Mann, dem Dichter Nikolai Gumiljow, von 1913 bis 1914 noch lebte, obwohl sie sich schon kurz nach der Geburt ihres Sohnes im Oktober 1912 voneinander getrennt hatten.
Wiege meines kleinen Kindes: Anna Achmatowas Sohn Lew Gumiljow wurde am 1. Oktober 1912 geboren.
Jetzt bist du wo man alles weiß: Nikolai Gumiljow wurde am 3. August 1921 wegen angeblicher Beteiligung an der monarchistischen „Taganzew-Verschwörung“ verhaftet und am 25. August 1921 erschossen.
° Die Heckenrose blüht. *And thou art distant in humanity:* (engl.) Und du bist fern unter den Menschen.
° Auf jener Straße, wo sein Heer. *Auf jener Straße:* Auf der Straße nach Kolomna führte *Fürst Dmitrij Donskoi* das russische Heer zum Schnepfenfeld, wo er über die Tataren siegte. Das Gedicht wurde in Kolomna geschrieben.
° Viele Jahre danach. *Men che dramma / Di sangue m'è rimaso, que non tremi! Purg. XXX:* Nicht ein Quentchen / An Blut ist mir verblieben, das nicht bebet! Dante, Fegefeuer, Dreißigster Gesang.
° Oh, wie atmet sie würzig, die Nelke. *...wo sich drehen die Eurydiken:* Der Reigen der Eurydiken erinnert möglicherweise an Meyerholds Inszenierung von Glucks Oper „Orpheus“ 1911 im Mariinski-Theater.
° Drei Gedichte. Zeit, zu vergessen das Kamelgeschrei. *das weiße Haus:* in Taschkent, wo Anna Achmatowa vom Mai 1943 bis zum Mai 1944 bei der Witwe Michail Bulgakows, Jelena Sergejewna Bulgakowa, wohnte.

Chaussee nach Rogatschow: Verbindungsstraße zwischen Moskau und dem nördlich gelegenen ehem. Kreis Klin, wo sich das Gut der Familie Blok, Schachmatowo, befand.
° *Er hatte recht: Laterne, Apotheke:* Aufnahme von Alexander Bloks „Nacht. Laterne. Apotheke."
° Petersburg im Jahr 1913. *Gorjatscheje Pole:* Ödfläche vor der Stadt, vormals Müllkippe, Zufluchtsort der Petersburger Obdachlosen, nach der Revolution. Ort, an dem „konterrevolutionäre Elemente" der Stadt von den Bolschewiki erschossen wurden.
° Im hinteren Spiegel. *O quae beatam, Diva, tenes Cyprum et Memphin:* O Göttin, die du herrschst über das glückliche Zypern und Memphis... Horaz (lat.).

Quellen:

Анна Ахматова. Сочинения в двух томах, том первый.
Издательство «Цитадель», Москва 1999

Anna Achmatowa. Poem ohne Held. Poeme und Gedichte
russisch und deutsch. Herausgegeben von Fritz Mierau.
Verlag Philipp Reclam jun. Leipzig, 1979

Brockhaus multimedia 2007

Wikipedia

Inhalt

Editorische Anmerkung

Leider war es nicht möglich, alle Erben und Rechtsnachfolger der Dichterin zu kontaktieren. Wir bitten sie, sich mit dem Verlag in Verbindung zu setzen.

Reihen im Leipziger Literaturverlag

- Neue Lyrik
- Neue Prosa
- Neue Szene
- Bibliothek OST - SÜDOST
- Portugiesische Bibliothek
- Älteste Dichtung und Prosa
- Essay
- Graphik + Art
- Fotografie
- Dokumentation
- Die Stimme des Autors - Hörbücher
- Poesiefilm

Unser gesamtes lieferbares Programm, Biobliographien, Leseproben, Rezensionen, Hörbeispiele, Kurzfilme und viele weitere Informationen finden Sie im Internet:

http://www.leipzigerliteraturverlag.de